アクティブラーニングに導く
KP法実践
教室で活用できる
紙芝居プレゼンテーション法

［編著］
川嶋 直＋皆川雅樹

みくに出版

はじめに

アナログにひかれる学校現場

　「KP法」のKとPは、「紙芝居」と「プレゼンテーション」の頭文字をとったものであり、川嶋直氏を中心に実践されるプレゼン方法である。キーワードやイラストなどを手書きして、何枚かのA4用紙（1セット10〜15枚で1つのテーマを構成）をホワイトボードなどにマグネットを使って貼りながら2〜5分程度でプレゼンを行う。

　KP法、なんてアナログな方法であろうか。Windows95の発売以降、企業・行政は当然のようにデジタル化していき、さらに学校現場においてもさまざまなシーンで、パソコンによる事務・情報処理やパワーポイントによるプレゼンが当然のように行われる時代。なぜ紙に手書きしてホワイトボードにぺたぺた貼りながらプレゼンを行うことが受け入れられるのか。ICT環境を整備し、それを利活用した教育プログラムを推進しよう（推進させられよう）としている学校現場に、KP法はなぜか受け入れられることになり、本書の出版が実現した（なぜ受け入れられたのかについては、本書を読み進めていくと見えてくる）。

川嶋さんと皆川

　本書の編者である環境教育に携わる川嶋さんと学校教育に関わる皆川。教育という点では共通しているが、このふたりが出会う必然性はそれほどなかったはずだ。しかし、そのふたりが出会うことになった。「アクティブ（・）ラーニング」（以下、AL）というテーマが媒介となってである（川嶋さんと私との出会いについては第2章参照）。

　今回の出版企画が実現する前提となったのは、みくに出版主催で2回にわたって行われたセミナーであった。1回目は「ALとKP法で学びの場づくり〜KP法を活用したALの実践例とKP法のご紹介〜」（2015年10月）、2回目は「KP法を活かしたALで学びの場を動かす〜KP法の基礎を学び、AL型授業に活用する〜」（同年11月）というテーマで行った。川嶋さんと私が講師を担当し、KP法の実践講座とALに導くKP法について

考え学ぶための場であった。2回とも多くの学校の先生方に参加していただいた。そして、参加された多くの先生方が現場に戻り、KP法を活用することになり、また、参加された先生方同士でKP法の実践事例を情報交換することにもつながった。

アクティブラーニングに導く23名の先生方によるKP法実践

　2回のセミナーだけではなく、川嶋さんが講師を務める研修会、著書『KP法 シンプルに伝える紙芝居プレゼンテーション』（みくに出版、2013年）やKP法を紹介したYouTubeの動画などでKP法を知って実践したり、KP法を活用している先生の授業を知り、実際に取り組んだりなど、KP法を学校現場で活用する動きがこの1年でかなり広がっていることを実感している。

　AL旋風が吹き荒れる中で、生徒をALに導くためにKP法が有効な手法であることを、第3章の23名の全国の先生たちによるKP法を用いた授業実践レポートが証明している。実践レポートを依頼するにあたっては、中高の先生を中心に、教科についても実技教科も含めてなるべく網羅的になるようにした。加えて、大学や小学生対象の塾における実践レポートも紹介することで、KP法の有効性と汎用性を明示できればと考えた。

　教科などの専門性が高く、学習者をALに導くことを意識した授業に熱心に取り組んでいる先生方の実践レポートは読み応えがある。そして、先生のみならず児童・生徒・学生が主体となり得るKP法という手法を通じて、ALの問題・視点に一石を投じられたのではないかと考えている。

　なお、ALについての考え方や捉え方は、先生方により多少の違いがある。「これがALの定義」という一定の理解は押しつけず、それぞれの先生方の理解に委ねて執筆していただいたことをご了解いただけると幸いである。

皆川雅樹

【KP法にまつわる用語】
・KPシート
　KP法を構成する1枚1枚の紙
・KPセット
　テーマにそってKPシートを構成したひとつのまとまり
・ミニKP（シート）
　Ａ4またはＢ5サイズより小さい用紙を使ったもの。付箋(75㎜×75㎜)を使用する例もある。なお、川嶋さんはサイズによって目的・用途を厳密に規定している。
　Ａ7〜8サイズは個人の思考整理に、Ａ6〜7サイズはグループでの思考整理に、Ａ5〜6サイズは机上でのプレゼンに、などサイズによってKPの用途も変わってくるとしている。
　　　　　　　　（詳しくは、205〜207ページを参照のこと）

はじめに —— 3

第1章

人と人をつなぎ、成長させるKP法
―プレゼンテーションと思考整理の道具として― —— 11

1 2013年の
　『KP法 シンプルに伝える紙芝居プレゼンテーション』の発刊 —— 12

2 大教室でのKP法 —— 13

3 なぜ、伝わらないのか —— 14

　　講義やプレゼンテーションなどは、なぜ、伝わらないのか —— 14

　　人間の理解の仕方とKP法 —— 16

4 KP法を活用する3つの場面と4つの機能 —— 17

　　個人のプレゼンテーションの道具としての機能 —— 18

　　個人の思考整理の道具としての機能 —— 21

　　グループのプレゼンテーション(発表)の道具としての機能 —— 22

　　グループの思考整理の道具としての機能
　　(グループの合意形成の道具として捉えることもできる) —— 24

5 学校でKP法が活用されるようになって、わかったこと —— 24

　　黒板がKP法にとっては、
　　ホワイトボード以上に使いやすい場所ということ —— 24

　　ICT環境が十分に整っていなくても可能な方法であることが、
　　通常のプレゼンの場よりもメリットが大きい
　　(教師のICTスキルも同様) —— 26

　　KP法の物理的な制約が、
　　パワーポイントの「やり過ぎ制御」に繋がる —— 26

6 KP法は教師も生徒も使う
　＝教える＆教えられるという関係を壊す —— 27

第2章
KP法とアクティブラーニング ―活動あって思考・学びもあり― ―― 29

1 KP法との出会いは
　アクティブラーニングの本質につながる!? ―― 30

2 「アクティブ・ラーニング」への誤解 ―― 31

3 「アクティブラーニング」と「アクティブ・ラーニング」―― 33

4 「アクティブ・ラーニング」の視点としての
　「主体的・対話的で深い学び」の実現 ―― 34

5 私の授業実践紹介～KP法の使いどころ～ ―― 39

6 KP法と評価 ―― 45
　　6-1　杉山実践におけるKP法の評価 ―― 45
　　6-2　KP法とルーブリック評価 ―― 47

〈本書と関連するアクティブラーニングに関する書籍〉―― 52

第3章
全国23人の先生による教室でのKP法実践レポート
　―高校を中心に、中学、大学、小学生対象の学習塾の事例を紹介― ―― 55

| 国　語 | 持続可能なKP活用
　　　　―日常の授業でいつでも何度でも使える
　　　　KPシートを活用したアクティブラーニング型授業― ―― 56

| 国　語 | 教員も、生徒たちも、授業に、部活に、保護者会に。
　　　　広がるKP法の可能性 ―― 62

| 国　語 | 協働の達成感を得るための、KP法の活用について
　　　　授業で大事にしていることと大まかな流れ ―― 68

数　学	入試演習型授業とKP法との相性 —— 74
数　学	"協力・承認・思考整理"を 大切にした授業におけるKP法の活用 —— 80
数　学	ミニKPを用いた「読む」ことでインプット・ 「話す」ことでアウトプットする数学の授業実践 —— 86
物　理	チームで学ぶ物理におけるKP法の活用 —— 92
生　物	思考を整えるKP法の使い方 —— 98
生　物	理科授業におけるKP法の活用とその実態 —— 104
生　物	生徒に「もれなくダブりなく」 思考することを促すKP法の活用 —— 110
生　物	KP法を利用したポスターツアー —高校生物におけるアクティブラーニング— —— 116
地　学	学びの責任感が高まる！ 生徒が行うKP法を用いた授業 —— 122
世界史	あなたに届く言葉をのせる —— 128
世界史	考える時間を創り出すKP法による世界史授業 —— 134
日本史	「問い」のくり返しで、歴史を点から線にする —— 140
日本史	「場を創り、場に価値を」 "杉山の日本史"からみるKP法活用術 —— 146
現代社会	多彩でDEEPな思考活動を支えるKP法 —— 152
政治・経済	KP法を活用して中学から高校への移行をスムーズにする授業 —「中学公民」から「政治・経済」へ— —— 158
英　語	自立した学習者が育つ授業のためのKP法の活用場面 —— 164
家　庭	生徒の思考整理ツールとしてのKP法 —— 170
技術・家庭	実習内容も進捗状況をも可視化するKP法の活用 —— 176
大　学	学びの場をリ・デザインするKP法 —— 182
学習塾	KP法を生徒自身の思考整理に活用し学びを深める授業 —— 188
	意見発表方法としてのKP法 —— 192

第4章 KP法を教室で実践するために
―よく聞かれるポイントとアドバイス― ── 197

1 KP作成7段階（＋練習1段階） ── 198
2 KPセットの1枚目には何を書くのか？ ── 201
3 プリントアウト？　手書き？　どっち？ ── 203
4 紙の大きさによる意味（使い方）の違い ── 205
5 KPシートを「貼ってから話す」か？
   「貼りながら話す」か？　「話してから貼る」か？ ── 207
6 KP法の時間と字数・枚数 ── 209
7 KP法を使った授業後の情報共有方法 ── 210
8 KP法の基本は使い回し。でも足したり引いたり、
   並べ替えたりの編集が頻繁にできるのがKPの良い所 ── 211
9 KP法の保管方法 ── 211
10 KP法の練習法 ── 213

おわりに ── 215

カバーデザイン：山中俊幸（クールインク）
DTP：サン・ブレーン

第1章
人と人をつなぎ、成長させるKP法

プレゼンテーションと思考整理の道具として

川嶋 直
公益社団法人日本環境教育フォーラム理事長

1　2013年の『KP法 シンプルに伝える紙芝居プレゼンテーション』の発刊

　2013年10月、『KP法 シンプルに伝える紙芝居プレゼンテーション』（みくに出版）が出版された。原稿を書き始めてからおおよそ1年がたっていた。
　刊行して間もなくKP法の手法を体験的に伝える「KP法実践講座」を各地で開催するようになった。この講座は2013年には5回、2014年には約40回、2015年には約30回、北は北海道から南は沖縄まで開催された。講座に参加される方の層はその回の主催者によって変わるが、最近は、当初想定していなかった参加者層が主流になりつつある。
　それは学校（小中高大）の先生たちだ。
　出版した時点での読者の想定は、やはり自分に近い仕事をしている人々だった。つまり環境教育や地域づくりなどの活動をしている市民団体の方たち、それに加えて企業など様々な組織の会議等でプレゼンテーションをする機会の多い方たち、そして大学など教育機関の皆さんだった。
　『KP法』はインターネット書店のAmazonでは「ビジネス・経済＞ビジネス実用＞ビジネス企画」という、いわゆるビジネス書に分類されている。この「ビジネス企画」というカテゴリーには『スティーブ・ジョブズ驚異のプレゼン』や『TEDトーク世界最高のプレゼン術』などのプレゼンテーションに関する本があり、そういったものの類書という扱いでデビューした本だった。
　僕は2005年から5年間、立教大学の大学院で環境コミュニケーションの授業を担当する機会があった。大学院での受講者は多くても20名位だった。僕は大学院での授業でもKP法をよく使っていたが、小中高校の教室や大学の大教室でKP法が使われることは、2013年の出版時には想定外であったのだ。その原因は2つある。僕に小中高校での教育経験がなかったということと、1990年代から様々な環境教育のプログラムを小中高校の先生向けに何度も開催してきたが、毎回集客に苦労（というかほぼ失敗）してきたという苦い経験があったからだ。

アクティブラーニングという言葉が世間で注目されるようになったのは2014年11月の文部科学大臣の会見からだろうか。この聞き慣れない言葉が世に知られるようになってから事態は一変した。僕の講座に学校の先生たちの受講が急に増えて来たのである。アクティブラーニングは一般的には「能動的な学習」という日本語に置き換えられることが多いようだが、環境教育の中では「参加体験型の学び」と呼んでいた学びの場づくりが、どうも同じような意味に思えてならなかった。大臣の会見からおよそ半年後、文部科学省のある方に「アクティブラーニングって、僕らがずっとやってきた参加体験型の学びとどう違うんですか？」と質問をしたところ、「同じです」の答えがあり「やはり」と思ったものだった。

2 大教室でのKP法

　『KP法』の本が出版される前から、もちろん「アクティブラーニング」という言葉が巷にあふれるようになる前から、僕はKP法を使って教室で講義をしていた。大学でのゼミのような規模の講義が多かったが、一度だけ大教室でKPを並べたこともある。
　それは、2010年7月10日、立教大学大学院異文化コミュニケーション研究科特任教授としての最終講義だった。
　立教大学では大学院教員の最終講義は（それが5年任期の特任教授でも）、学外の方にも公開される習わしがあったようで、いつもの20人ほどの小さな教室ではなく、300人も入れるような大教室が用意されていた。
　さすがにこの大教室ではKP法は無理だと思ったが、とにかく教室の下見に行った。教室を見回して「この広さではやはり無理だなぁ」と思った。でも教室の機材をいろいろ見ていたら、OHC（オーバーヘッドカメラ：通称、書画カメラ）を見つけた。閃いた。このOHCの35センチ四方の中に、小さなカードに書いたKPシートを並べて、大きなスクリーンに投影すれば10数メートル離れた最後列からでも十分読める。これだ！OHCを使ったミニKP投影法の誕生の瞬間だった。
　さて集中講義の当日、教室には学外の方も含めて200人ほどが集まっていた。多くの学生は僕が何を話すかよりも、講義をどうやるかに興味を

持っていると僕は勝手に感じていた。ミニKPを使うことは内緒にしていた。僕が黒板にKPを貼るのではなく、黒板の前にスクリーンを下げた時からザワザワし始めた。「川嶋先生、やっぱりパワーポイントか…」。

次の瞬間、会場は笑いに包まれた。OHCを使って小さなKPシート（A8大の単語カード）を並べ始めたからだ。その日の講義は事前に学生から集めた質問に答えるカタチにした。質問はカードに赤字で、答えは青字で書いて準備した。全部で13の質問とその答えのカード合計70枚が今でも手元にある。

本書の企画が進む中で、全国の学校の先生方が、様々な方法でKP法を実践されている様子を見ることができた。そのほとんどが教室でのKP法の活用例の紹介で、対象人数は多くても40名ほどだ。まあ、KP法はそのくらいの人数を対象にするプレゼンテーションの道具として有効なのであって、ここで紹介したような数百人対象のプレゼンテーションには決して一般的なものではないのかもしれない。でも「数百人対象でもKP法でやりたい」と思ったら、方法はあるということなのだ。

3 なぜ、伝わらないのか

講義やプレゼンテーションなどは、なぜ、伝わらないのか

「なぜ、伝わらないのか？」とは多少挑戦的な言い方かもしれない。多くの教師・講演者・プレゼンターは自分の発している情報が受け手に「概ね伝わっている」と思っている。本当にそうなのだろうか？　もちろん伝える内容の難易度によって「伝わる、伝わらない」の程度に差ができるのは仕方がない。ここで言いたいのは、必ずしも「言ったからといって（全部）伝わっている訳ではない」ということだ。もう少し言ってしまうと「言ったことの半分以上は伝わっていないと思ったほうがよい」「そう思って講義やプレゼンテーションの準備をしたほうがよい」ということだ。

伝わらない理由を数えればきりがないだろう。でも、僕がこれまで「聞く側」として講義やプレゼンテーションを受けて「伝わってない」と思

った理由のベスト3をあげるなら次の3つだろう。
　1）情報の量が多すぎる
　2）何が要点なのかわからない
　3）聞き手の記憶に残るようにパッケージングされていない

1）情報の量が多すぎる

　これは、パワーポイントを使ったプレゼンテーションの場面でよくあることだ。パワーポイントプレゼンテーションの注意すべき点は「見せる情報の量」だ。話す情報の量は1分間300字程度とおおよそ決まっている。いくら早口の人でも1分に600字は話せない。仮に話せたとしてもとても聞き取れない。ところが見せる情報量には上限がない。見せることを逆の立場から言ったら「読む」だ。読む（読める）スピードは話すスピードの1.5倍程度と言われている。つまり1分間に450字程度だ。これを超える量の情報をパワーポイントで見せてしまっては、聴衆はとてもついていけない。

　見せている内容が話している内容と同じ、つまり、話している言葉を「見える化」しているならまだしも、話している言葉とは違った情報を見せられた場合には目も当てられない。聴衆は今話されている内容とスクリーンに投影されている内容との一致点を探すのに懸命で、話の内容を理解する余裕などまったく無い。一致点を見つけられないまま次のスライドにどんどん行かれてしまっては、もう完全に落ちこぼれ状態に陥ってしまう。話す量より見せる量のほうが何分の一か少ない状態が、聞き手が余裕を持って受け止められる良いバランスだと思っている。

2）何が要点なのかわからない、＆　3）聞き手の記憶に残るようにパッケージングされていない

　この2つのことは、1）の延長線上にある。情報の量を絞り込むということは、伝えたい要点を絞り込み、聞き手の記憶に残るようにパッケージングして提示するということだ。15分の講義・プレゼンテーションで15分話した内容のすべて(4,500字程度)を全部記憶に留めてほしいのか？あるいは、最低「話のテーマ」「そのテーマに対する問い」「その問いに対する答え3つ」、これだけは記憶に留めてほしいと思うのか？　この差

を意識することが大事なのだと思う。

　「パッケージングする」ことは、そう難しいことではない。「大事なポイントはこの３点」というだけで立派なパッケージだ。「大事なポイントはこの19点」と言われても、最初から覚える気にはならないだろう。そもそも「19」とは全然ポイントに絞りこまれていないし…。

　あるいは、記憶に残りやすいような頭文字のパッケージングもある。有名なところでは「プレゼンテーションはKISSで行こう」だろう。KISSとはKeep It Simple & Sharp「（プレゼンテーションは）いつもシンプルに鋭く（行こう）」という意味だ。「そういえば先生は、プレゼンはKISSだって言ってたよね。Keep it …Sって何だっけ？」と後で記憶をたぐっていきやすいようにパッケージングして届けるのだ。

人間の理解の仕方とKP法

　「人間はどのように理解するのか？」という研究には様々なものがある。でも多くの研究が「聞く→文章や映像を見る（あるいは読む）→実物を見る→質問する（質問の答えを聞く）→やってみる（体験する）→人に教える」のような順でだんだんと理解が深くなっていくと述べている。

　これまでの教室の授業ではこの冒頭の「聞く・文章を読む」の部分がほとんどで、それに続くより効果的な手法が十分には取られていなかったようだ。その事実こそがアクティブラーニングの発想の背景にあったのだと思う。僕が小中学校に通っていた頃（およそ半世紀前）は、「視聴覚室」という部屋が学校に登場した頃。視聴覚室に行かない限り映像教材による授業は受けられなかったのだ。今はもう各教室に視聴覚器材があるのは当たり前だろう。また、個人個人にタブレット端末を持たせている学校もあるし、「電子黒板」なるものも登場している。

　総合的な学習の時間では、先に書いた「質問する」以降の後半部分の時間が授業に取り入れられることが期待されていた。この時間を十分に活用した学校や先生もいたが、ついて行けなかった（ついて行きたくなかった）先生も随分といたようだ。結果として現行の学習指導要領では総合的な学習の時間は縮小される憂き目に合う。とても残念なことだ。

　2020年の小学校、2021年の中学校、それに続く高校の次期学習指導要領の実施に向けて、学校は大きな岐路に立っている。「学び手が一箇所に

集まって先生の話を聞く」という教育の方法は、そうしなければ学びの機会がつくれなかった時代の名残りだ。情報を得る方法は多様化している、世界中どこにいても、インターネットを通じて情報を得ることができる。では学校では何をするのか？　学び手が複数人集まったからこそできる学びがある。問題発見、問題解決、コミュニケーション、合意形成等など、人との関わりの中でなければ学べないことは山ほどある。

　KP法は考えをシンプルに示すことができる手法だ。お互いにシンプルに示し合うことでその相違や類似しているところも明確化されてくる。「キーワードを書いて貼るだけ」のこのシンプルな方法が、余計な情報を排除してお互いが理解し合うためのプレゼンテーションと思考整理＆合意形成の道具として、この数年、注目を浴びているのだ。

4　KP法を活用する3つの場面と4つの機能

　KP法は次の３つの場面で使われる。
・**プレゼンテーション**（講義）の場面で
・グループなどでの実習の**手順を指示**する場面で
・実習の**結果を発表**する場面で

　この３つは、参加型の学びの場（アクティブラーニングも同じ）で、いずれもKP法がよく使われている場面だ。
　KP法は環境教育などの、参加体験型の学びの場から1990年代に広がってきた。「KP法（紙芝居プレゼンテーション法）」という名前は、2008年に僕が命名したのだが、それ以前は単に「紙芝居」などと呼んでいた。環境教育のプログラムの中には頻繁にグループに対して課題を提示して作業を促す場面があった。これが「グループなどでの実習の**手順を指示**する場面」にあたる。また、プログラム参加者たちはグループでの実習の実施結果を全体で共有する場面があった。これが「実習の**結果を発表**する場面」にあたる。そうして提示された課題に対する様々な検討結果を全体で共有したあとに、指導者がそこからの学びを一般化するための講義を行う機会がある。これが前記の「**プレゼンテーション**（講義）の場面」

にあたる。

　先生方が教室で行うアクティブラーニングの場合には、伝えるべき（伝えたい、伝えなくてはいけない）情報があり、授業時間の冒頭にその情報を伝える場合が多いようだ。講義を授業時間の最初に行うのか、後に行うのかはそれぞれに意味があるので、良い悪いということではないが、冒頭で必要な情報を提示して、小テストやグループディスカッションによってその情報を嚙み砕き、理解して、最後にまとめとして重要ポイントについて話し整理する。実際の教室で起きているアクティブラーニング型授業の大まかな流れはこんな感じなのだろう。

　　KP法には、次の４つの機能がある。
　・**個人のプレゼンテーションの道具としての機能**
　・（前記の作成プロセスで）個人の**思考整理の道具としての機能**
　・**グループのプレゼンテーションの道具**としての機能
　・（前記の作成プロセスで）**グループの思考整理の道具としての機能**
　　　　（これは**グループの合意形成の道具**と捉えることもできる）

　次は、KP法が使われる「場面」の分類ではなく、その「機能」についての４分類を考えてみたい。
　これは場面とも微妙に絡み合うのだが、KP法を単なる**プレゼンテーション・発表の道具**としてだけ捉えるのではなく、わかりやすく伝えるために**頭の中を整理する道具**でもあるというポイントに注目するものだ。このポイントは、個人がKP法を作り、発表する場合と、グループでKP法を作り、発表する場合とに分けられる。

個人のプレゼンテーションの道具としての機能

　ここで、個人がプレゼンテーション（主に授業での講義）をする場合に使える一般的な方法を整理しておこう。
　　１）口頭のみ
　　２）板書しながら話す
　　３）配布資料（あるいは教科書）を見てもらいながら話す
　　４）パワーポイントなどの投影資料を見てもらいながら話す

5）KP法を使ってキーワードを順次見せながら話す

上記１）から４）の方法とKP法による方法との比較を以下に行ってみた。

1）口頭のみvsKP法

　口頭のみの良い点は、その場の状況に合わせていかようにでも話す内容をアレンジできるという点だろう。とくに初対面の聴衆に対しては口頭のみの良さが活かされる。ただ、聴衆にとっては、大切なキーワードが見える化されていないので理解しにくい、誤解する可能性があるというリスクがある。聞き手とのアイコンタクトは最も取りやすく、情緒に訴えるようなお話であれば、口頭のみでも演劇を見るように引き込まれるということもあるだろう。

　ただし、論理的な説明では話の軌跡が見えないので「話全体を記憶していなくては」というストレスが聞き手にかかり、負担感の大きい方法となってしまう。話し手にとってあらかじめ話す内容が決まっているのであれば、KP法を使ったほうが脱線する可能性も少ないし、仮に脱線したとしてもすぐに修正できるという点が優れている点だろう。ノートテイキングについては、この口頭のみの方法が最も難易度の高い方法であろう。

2）板書vsKP法

　KP法と比較的近い方法が板書による方法だろう。板書は学校教育では非常になじみがある方法だ。この比較でのKP法の優位点は何と言ってもそのスピード感だろう。あらかじめ板書しようとするキーワードが書かれた紙を貼るだけなので、話すスピードとほぼ同じスピードでKPによって見せたい情報を展開することができる。

　また、話し手にとっては、十分に練られ、絞りこまれたKPを使うことで、色使いもレイアウトも板書より優れた見せ方が瞬時にできるという利点がある。聞き手とのアイコンタクトは「口頭のみ」と近い良い状態だろう。ノートテイキングは、KP法の場合もほぼ板書のスピードでノートを取ればよいので、どちらの方法も容易だ。ただ、どちらもノートを取ることだけが目的となると、「考えなくなる」という弊害もある。

3）配布資料vsＫＰ法

　「伝えたい情報を持ち帰ってほしい」という意図が強い場合には、配布資料を配り、その内容について説明するという方法を取ることが多い。行政による説明会などはこの方法をとることが多い。

　聞き手の様子がどうであろうと、話し手が伝えたいことを一方的に伝えるのであればこの方法でよいのだろうが、聞き手は話し手の話を聞きながら配布された資料に目を落とし両者の目が合うことはまずない。最悪の場合には聞き手は話し手の話をちゃんと聞かずに、資料の「先読み」をどんどん行ってしまう。「集まってもらって直接伝える」という意味があまり感じられないプレゼンテーションの方法だ（動画での配信でも可能では？）。ノートは配布資料に書き込むという方法を取る場合が多いだろう。

4）パワーポイントvsＫＰ法

　パワーポイントでのプレゼンテーションは、よくKP法と比較される方法だ。

　KP法と比べたパワーポイントの弱点は、「情報が次々消えてゆく」「情報を盛り込み過ぎてしまい何が要点だか分からなくなる」「話し手と聞き手の目が合わない」という３つの点だろう。もちろん、パワーポイントでもKP法の良い点を活かしたプレゼンテーションにすることは可能だ。パワーポイントの１つの画面をKPの１セットとして考えて、アニメーション機能によってキーワードを書いたKPシートを１つずつ示してゆく方法だ。この方法を取れば理論的にはKP法の利点を活かしたパワーポイントのプレゼンテーションが可能だ。ただ、その方法を取ったとしても「話し手と聞き手の目が合わない」という問題は解決しない。

　また、KP法のプレゼンテーションはパワーポイントでのプレゼンテーションと比較して「熱が伝わる」「暖かみがある」などと言われる場合がある。この両者の見え方の違いが受け取る側の認識の違いにどのように影響しているのかはまだわからない。一方、一般的にはパワーポイントプレゼンテーションのほうが大人数の聞き手に対しては有効だろう。

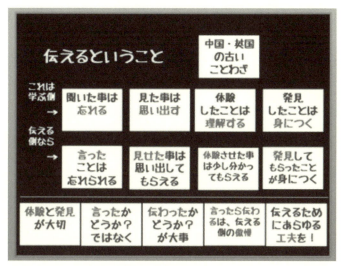

パワーポイントでKP法(「たぬき油性マジック」というフリーフォントを使用)

個人の思考整理の道具としての機能

　KP法の作成段階では間違いなく「思考整理」をせざるを得ない。1枚20文字以内、4〜5分のプレゼンテーションで使える紙は15枚以内…、というKP法の制約が否応なく情報の絞り込みをせざるを得なくする。

　この作成の段階については第4章で詳しく述べているが、何かをプレゼンテーションする場合、話す内容はおおよそ頭の中で整理されている。また、テーマを構造的に捉えていたりもする。しかし、その構造が聞き手に示されないまま手渡されると、聞き手の側は必ずしも話し手が描いている構造のまま受け取るとは限らない。むしろ話し手の描いている構造がそのまま伝わるケースの方が稀であろう。KP法の場合、KPそのものが構造を示すので、伝わりやすいのだ。

　あるいは伝える側が、まったく頭が整理されないまま思いついたことを思いついた順番にただ話しているだけというプレゼンテーションもある。これで理解しろというのがそもそも無理なことだ。こうした話し手もKP法を使えば、KPにまとめる段階で重要なキーワードを選び、それらを構造的に配置し聞き手に届けるようになる。こうした(隠れた)機能が、KP法の非常に重要な機能なのだ。

グループのプレゼンテーション(発表)の道具としての機能

　グループで議論をした結果をプレゼンテーション(発表)する方法としては、次の5種類の方法があるが、それぞれの長所短所を比較してみよう。

　　1) 口頭のみ
　　2) 付箋を貼った模造紙を掲げて
　　3) 模造紙に考えをまとめて書いて
　　4) パワーポイントで
　　5) KP法で

1) 口頭のみ

　一番手軽なのが口頭だけの方法だ。直前まで「伝えるための道具作り」はしないのだから、ぎりぎりまで話し合いができる。しかし、話している内容が見える化されていないので伝わりにくい。また、複数のグループの発表がある場合には、それぞれの発表内容をあとで振り返って比較検討しようと思っても、すべての口頭発表を記録していない限りできない。

2) 付箋を貼った模造紙を掲げて

　75ミリ角の付箋などを使って、グループメンバーそれぞれの考えを書き出して整理するといういわゆるKJ法という方法があるが、この優れた情報整理法の整理プロセスのまま掲示して発表する方法だ。
　考えを整理するまではこの方法は良い方法なのだが、発表の方法としてはイマイチだ。まず各付箋に書いた文字が読めないほど小さい。仮に読めたとしてもそれらは「原データ」であって、原データを貼ってグルーピングしただけだと、どうまとめられたのかが分からない。グルーピングされた付箋たちに名前を付け、グループ間の関係性を示し、最終的に何が導き出されたのかを模造紙に書かない限り、「こんな意見が出ました」という発表に終わってしまうという限界がある。

3) 模造紙に考えをまとめて書いて

　2)からもうひと手間かけた発表方法が、この模造紙にまとめてという

方法だ。この場合必ずしも原データの付箋は必要なく、背景や課題、そして解決方法の可能性など全体の関係性を図示することができる。優れたデザインがあると非常にイメージも掴みやすく良い方法だ。しかし、模造紙1枚を仕上げる作業には時間とセンスが要求される。また、できあがった模造紙を見返してみて「もっとこうしたほうがよかった」と思っても修正が難しい。ただ、全グループの発表後に提示されたグループ数の模造紙を眺めながら比較検討するには良い方法だ。

4）パワーポイントで

　企業の研修などでは、グループの検討結果をパワーポイントにまとめさせるという方法を取るところがある。この方法はとにかく見栄えが良い。見栄えが良すぎてそれに騙されるという場合もある。また、パワーポイント作成は結局「誰か一人が作る」という状況を産み、他のメンバーはその一人にお任せになってしまう。パワーポイントの作成技術の優劣が出来の良し悪しにつながるところも要注意だ。また、全体の比較検討はプロジェクターとスクリーンがグループ数分ない限り難しい（印刷して配布検討は可能だが）。

5）KP法で

　ＫＰ法の最大の良い点は、「２）付箋を貼った模造紙を掲げて」の良い点と「３）模造紙に考えをまとめて書いて」の良い点を併せ持っているところだろう。それぞれのアイデアを小さな紙に書くという段階は、付箋かＡ６かＡ７サイズ程度に切った紙かのどちらでも使いやすいほうを選べばよいだろう。この段階はいわゆるKJ法と同じ情報整理（思考整理）の段階だが、KP法では、その小さな紙でほぼ発表するKPの内容を完成できるのが特徴だ。そのため、最後のＡ４サイズのKPを作成する際、場合によってはグループで分担して全員で一斉に書くという選択も可能だ。つまり、最後の1分で発表資料を完成させるということが可能なのだ。

　また、各グループの発表枚数を４枚以内に限ることで、180センチ×90センチのホワイトボードに、6班分の発表を順次貼っていき全体を俯瞰することも可能だ。グループ検討（実習・ワーク）の発表手法としてはKP法は最強なのではないかと思う。

グループの思考整理の道具としての機能
（グループの合意形成の道具と捉えることもできる）

　前記、1）から5）のどの発表手法を採用したとしても、Ａ6〜Ａ7サイズの用紙を使用するKP（ミニKP）での思考整理プロセスは有効に機能する。Ａ6〜Ａ7サイズの用紙は、糊付き付箋紙と機能的にはほぼ変わらないのだが、移動したり追加したりする際に、動かしやすさとスピードという優れた面がある。

　またミニKPからＡ4のKPへの移行が容易である。その点からも私は、Ａ6〜Ａ7サイズの紙で思考整理して、そのミニKPを「作成指示書」としてＡ4サイズのKP作成を行うのが良いと思う。

　以上のように、グループでの思考整理の段階で書かれた思考の断片（ミニKP）を動かし、削除し、書き足し、表現を変更し、並べて、眺めて、グループとしての合意を得るというプロセスは、KP法の機能として非常に重要なポイントだと言えるだろう。

⑤　学校でKP法が活用されるようになって、わかったこと

黒板がKP法にとっては、
ホワイトボード以上に使いやすい場所ということ

　黒板にKPの紙は綺麗に映える。僕はずっとホワイトボードに白い紙を貼ってきたので、黒板の濃い緑色に白い紙がレイアウトされて貼られている写真を見ると、そのハッキリとしたコントラストが単純に綺麗だなぁと思ってしまう。紙の白色が黒板に際立つということなのだろうか。

　ただ、僕がここで不思議に思っているのは地色の濃い緑＆紙の白のコントラストのことではなく、黒板でのKP法を実践している多くの先生が文字色として黒を使っているということなのだ。僕の文字色の基本は黒ではなく青だ。青のほうが字が飛び出して見えるし、元気なイメージがする。それに対して黒は字が沈んでいく感じ…、そんな印象を持っている。

　会議で話された記録をライブで模造紙やホワイトボードなどにどんど

ん書いてゆく「ファシリテーショングラフィック（通称：ファシグラ）」という手法があるが、このファシグラの名手である志賀壮史さん（NPO法人グリーンシティ福岡・理事）も、黒以外の色を使うことが多いと言っている。その理由はほぼ僕と一緒だ。

　それに対して、先生の多くは青ではなく黒文字を使っている。黒板に貼られた黒文字のKPを見ると確かに違和感がない。これは謎だ。どうやら、地色がホワイトボードのように白の場合と、黒板のように濃い緑色の場合では見える印象が違うようなのだ。この原稿を書いている2016年7月時点ではこの謎は解けていない。

　ホワイトボードと比較して黒板のもうひとつの利点はなんと言ってもその面積の広さだろう。通常のホワイトボードの場合、畳1枚分（横180センチ×縦90センチ）が標準だ。場合によっては横幅がさらに狭く、150センチ、あるいは120センチのものもある。僕のKPセットは基本的に180×90センチの大きさを基準にレイアウトを考えて作られている。A4の紙が横に5～6枚、縦は3列（例外的に4列）という感じだ。

　一方、黒板は、縦（高さ）は90センチないし120センチが多いが、横幅は、普通のホワイトボードの2倍、場合によっては3倍はある。さらには、上下に2枚の黒板が移動するものもあり、定形のホワイトボードの2倍から4倍さらにそれ以上の面積を使える。そこが、僕がこれまでやってきたKP法の舞台と大きく違うポイントだ。KP法の利点である「一覧性」が、ホワイトボードの何倍にもなるということだ。

　アクティブラーニング型授業でKP法を使われている先生の写真を拝見すると、10～15枚程度のKPセットを2～3セット、黒板に貼っていたり、1つのセットで20数枚を使い、ホワイトボードの2倍ほどの面積を大胆に使っている例なども見受けられる。もちろん、KP法に「規則」などはないのだから、自由にどのようにでもアレンジしていただいて結構だ。

　ある先生は、5分間程度のKPセットを3セット使い15分くらいで講義を行い、授業中も3セットのKPを授業中貼りっぱなしにしておいて、その後の小テストやグループでのディスカッションなどの間も、貼ってあるKPセットを自由に見て良いという授業をしていると聞いた。これは良い方法だと思った。

　ただ、黒板の難点もある。それはホワイトボードと比較して、KPシー

トをすべらせにくい点だ。僕は、KPシートをホワイトボードの真ん中あたりに、バーンと音を立てて貼ると同時に言葉を伝え、その後KPシートをあらかじめレイアウトを考えた所定の位置にスーっとすべらせて配置する。この「技」が黒板ではほぼできない。まぁ、仕方ないことだが…。

ICT環境が十分に整っていなくても可能な方法であることが、通常のプレゼンの場よりもメリットが大きい
（教師のICTスキルも同様）

　アクティブラーニング型授業を行う際に、最初に先生が突き当たる問題が「いかにしてこれまで50分近く話してきた講義を15分ほどに短縮するか」ということのようだ。この時間短縮の解決手法として『アクティブラーニング入門』（2015年、産業能率大学出版部）の著者・小林昭文先生はパワーポイントの使用を提案されている。パワーポイントによる15分程度でのコンパクトな講義によって、生徒がグループで物理の問題を考える時間が確保できたという。

　KP法を実際に使っている先生方に学校での設備の状況を伺うと、必ずしも各教室にプロジェクターとPCが一台ずつ設置されている訳ではないという話もあり、ならばなおさらのことKP法での講義時間短縮が現実的なのだろう。『KP法』が出版されたのが2013年10月、それから２年ほどで各地の教室でアクティブラーニングのための時間短縮手法としてKP法が広がったようだ。

KP法の物理的な制約が、
パワーポイントの「やり過ぎ制御」に繋がる

　「パワーポイントのやり過ぎ」とは、ついついやってしまう「情報の盛り込み過ぎ」のことだ。

　パワーポイントはフォントを小さくすれば、１画面に何文字でも書くことが可能だ。以前ある中央省庁の、通称ポンチ絵と呼ばれる事業概要を１枚で表現するパワーポイントで、（あとで数えたのだが）1画面に950文字という例を見たことがある。これは極端な例だが、１画面数百文字書かれたパワーポイントに遭遇するのは、そう珍しいことではない。

　一方、KP法は自ずと字数は制限される。教室の最後列でも読める大き

さの字を書こうとすれば、A4用紙1枚に20字が限界だろう。字数制限が言葉の絞り込みを促進し、だらだら長文を書くことを制御する。パワーポイントに比べて、絵や写真や図表の掲示がしにくいのはKP法の弱点でもある。ただ、この弱点を逆に捉えることもできる。大切な文字（キーワード）だけを、構造的にレイアウトしてその関係性を示しながら、論理的に理解させることに容易にチャレンジできるのだ。

「パワーポイントは足し算、KP法は引き算」と、私は思っている。『KP法』のサブタイトルにもあるが「シンプルに伝える」ためにはKP法は実に優等生なのだ。

6 KP法は教師も生徒も使う ＝教える＆教えられるという関係を壊す

アクティブラーニングについて、その専門家ではない僕がここで講義をしようとは思わないが、少しだけ書かせていただきたいことがある。

僕は環境教育の体験型プログラムを、山梨県清里にある財団法人キープ協会で1985年から始めた。正確に言うと「環境教育の体験型プログラムの試行錯誤が始まった」のがその年だ。

八ヶ岳の麓の地で学校教育とはまったく無縁で（「無援」でもあった）始まった試行錯誤だった。キープ協会には山梨県から借地している約100万坪の土地があった。標高1300～1500メートルの八ヶ岳の東南麓に緩やかに広がる牧草地と落葉広葉樹中心の森林地帯だ。当時我が国では、環境教育の実践自体がほとんどされていなかったので、欧米の国立公園や自然学校などでの試みを参考にしながら、トライアンドエラーを繰り返していた。時代を切り拓く新しい試みを嗅ぎとった優秀な人たちが僕らのプログラムの参加者として全国から集まってくれた。彼ら、彼女らは、主催者の僕たちが用意したプログラムを楽しむだけではなく、もっとこうしたら良いというアドバイスをたくさん残してくれた。「成長のためのPDCAサイクル」などという考え方もまったく知らないままそうした参加者たちのアドバイスをひとつひとつ受け入れながら不断の改善を繰り

返した。

　立教大学キリスト教教育研究所(JICE)の合宿がキープ協会・清泉寮で1970年代から開催されていた。1990年代に入り、僕たちが試行錯誤の結果たどり着いた学びの手法が、JICEが広めていた「体験学習法」によってより整理され、僕たちの実践を「参加体験型の学び」と呼ぶようになった。

　アクティブラーニングについては、我が方は30年も前からチャレンジしてきたのだ、と言うつもりはないが(いや、言っているが)、僕たちとは別の様々なカタチで、教室の中での参加体験型の学びの場づくりにチャレンジして来た先生がたくさんいることも承知している。ここに来て、ようやく大手を振ってそのチャレンジを多くの先生と本書の出版を通して共有できるようになったことは、とても素晴らしいことだと思うと同時に、とても嬉しいことでもある。

第2章

KP法と
アクティブラーニング

活動あって思考・学びもあり

皆川雅樹
産業能率大学経営学部准教授

1 KP法との出会いはアクティブラーニングの本質につながる！？

　私がまだ前任校である専修大学附属高等学校に勤務していた2014年3月19日、恵比寿のみくに出版のセミナールームで「KPラボ」が開催された。そこで私は学校の教室以外で初めてKP法（紙芝居プレゼンテーション法）によるプレゼンを行った。川嶋直さんとは、そこで初めてお目にかかった。ご著書とYouTubeでしか知らなかった川嶋さんが目の前に。ホワイトボードの前に立つ川嶋さんは、まさに水を得た魚。コンパクトなプレゼンと間に入る寸劇が絶妙で、会場が笑いにあふれていた。

　そんな川嶋さんに憧れて、新年度となる翌月から、私はKP法による5〜10分間の講義（プレゼン）を枕に日本史の授業を本格的に始めた。講義自体は、コンパクトになり好評であった。しかし、毎回の授業で、手書きでKPシートを用意することは難航をきわめた。KPシートに書く内容は、行き帰りの電車内で小さなメモ用ノートに下書きして、授業の合間に高校内で広いスペースがとれてホワイトボードもある図書室で何度も失敗しながら清書してプレゼンの練習をした。

　1学期間、手書きで用意し続けてみたが、これでは時間も手間もかかり過ぎる。さて、どうしようか？　川嶋さんの著書『KP法　シンプルに伝える紙芝居プレゼンテーション』（みくに出版、2013年）を読み直しながら、122〜123頁で「これだ！」と。KPシートを「プリントアウトか？手書きか？」を説明する内容で、川嶋さんは当初はプリントアウトをしたものを使用していたが、研修の場において即興で作成した手書きのシートのほうが「思い」や「熱」が伝わることを指摘されて以来、手書きでシートを作成するようになったというものである。その内容を自分に置き換えて考え直したときに、私はあることに気がついた。つまり、私の思いや熱をKP法による講義で届けることよりも、生徒が熱を持つことをメインに考えれば、私のプレゼンはまずはきちんと「伝わる」ことを意識すればいいのだと。2学期からはMicrosoftのパワーポイントでKPシートを作成し、プリントアウトをするようになった。手書きよりも大きく読みやすい字を表現することができる。気のせいかもしれないが、生

徒たちは私のKP法に注文をつけるよりも、自分たちが学習すべき内容について、意見やコメントを出すことが増えてきたように感じた。

授業において、教員のパフォーマンスが目立つと、生徒はそればかりに気を取られてしまい、生徒自身が学習する場であることを忘れさせてしまう。KP法を授業で実践することによって、生徒が主役となる「アクティブラーニング」に気づかせてくれるものとなった。

2 「アクティブ・ラーニング」への誤解

KP法と「アクティブ（・）ラーニング」との関係を論述することが本章でのメインテーマであるが、まずはいわゆる「アクティブ（・）ラーニング」について、簡単にふれておきたい。

溝上慎一氏によれば、「アクティブラーニング（active learning）」は、1990年代以降、アメリカの大学教育の中で提起・理論化された学習論で、「教えるから学ぶへ（from teaching to learning）」のパラダイム転換、さらには教授パラダイムから学習（と成長）パラダイムへの転換を推進する学習論を包括する用語となって発展してきたものであるという。学習パラダイムとは、同氏によれば、「学習は学生中心」「学習を産み出すこと」「知識は構成され、創造され、獲得されるもの」であり、それに基づいて「学習を考えることは、学習を通して学生の何を育てていきたいかを考えること」である[1]。

日本において、「アクティブ・ラーニング」という言葉が注目され始めたきっかけは、2012年8月の中央教育審議会・大学部会答申「新たな未来を築くための大学教育の質的転換に向けて―生涯学び続け、主体的に考える力を育成する大学へ―」（質的転換答申）で行政用語として登場したことである。該当する部分を引用すると、次の通りである。

生涯にわたって学び続ける力、主体的に考える力を持った人材は、学生からみて受動的な教育の場では育成することができない。従来のような知識の伝達・注入を中心とした授業から、教員と学生が意思

> 疎通を図りつつ、一緒になって切磋琢磨し、相互に刺激を与えながら知的に成長する場を創り、学生が主体的に問題を発見し解を見いだしていく能動的学修(アクティブ・ラーニング)への転換が必要である。すなわち個々の学生の認知的、倫理的、社会的能力を引き出し、それを鍛えるディスカッションやディベートといった双方向の講義、演習、実験、実習や実技等を中心とした授業への転換によって、学生の主体的な学修を促す質の高い学士課程教育を進めることが求められる。学生は主体的な学修の体験を重ねてこそ、生涯学び続ける力を修得できるのである。
> (中央教育審議会・大学部会「新たな未来を築くための大学教育の質的転換に向けて―生涯学び続け、主体的に考える力を育成する大学へ―(答申)」2012年8月)

この質的転換答申の付属として提示された「用語集」においては、次のように説明がなされている。

> 教員による一方向的な講義形式の教育とは異なり、学修者の能動的な学修への参加を取り入れた教授・学習法の総称。学修者が能動的に学修することによって、認知的、倫理的、社会的能力、教養、知識、経験を含めた汎用的能力の育成を図る。発見学習、問題解決学習、体験学習、調査学習等が含まれるが、教室内でのグループ・ディスカッション、ディベート、グループ・ワーク等も有効なアクティブ・ラーニングの方法である。
> (中央教育審議会答申付属「用語集」2012年8月)

いずれにおいても教授パラダイムから学習パラダイムへの転換について説明がなされているはずであるが、これらの説明には多くの問題点が指摘されている[2]。例えば「教員による一方向的な講義形式の教育とは異なり」の部分だけを文字通りにとらえてしまうと、「アクティブ・ラーニング」とは、講義などによる知識の伝達・注入は「してはいけないもの」、さらに後半の文面をセットに考えると、ディスカッション・ディベート・

グループワーク等の活動を「させなければならないもの」と誤解されてしまったようである。ここ数年、私自身も授業に関わる研修・セミナーなどの講師を務める中で、アクティブ(・)ラーニングでは「講義はダメなのか？」「グループワークをしなければならないのか？」のような質問をたくさん受けることがある。このような誤解は別としても、この質的転換答申以降、日本の教育改革が急速に動き出し、高等教育だけではなく中等教育をも巻き込み、現場の教員たちは無視できない状況になってきたと言える。川嶋さんの『KP法』が翌年の2013年に刊行されたことは偶然だったかもしれないが、学習パラダイムへの転換へのお助けアイテムとして活用できるようになったことを考えると必然だったのかもしれない。

3 「アクティブラーニング」と「アクティブ・ラーニング」

2012年に前後して、アクティブラーニングについて精力的に調査・研究をしていた溝上慎一氏は、「アクティブラーニング」について、2014年10月刊行の著書に、次のように理論的に定義している[3]。

> 一方向的な知識伝達型講義を聴くという(受動的)学習を乗り越える意味での、あらゆる能動的な学習のこと。能動的な学習には、書く・話す・発表するなどの活動への関与と、そこで生じる認知プロセスの外化を伴う。
> (溝上慎一『アクティブラーニングと教授学習パラダイムの転換』東信堂、2014年、7頁)

この定義では、主語が能動的な学習者(生徒・学生など)であることが明確になっている点が注目できる。つまり、アクティブラーニングの主語は学習者であり、教員ではないことである。学習者はただ講義を聴くだけではなく、書く・話す・発表するなどの他者との関係を伴う活動を

通じて、自らの学びの過程とその成果を可視化することを意味している。従来の授業であれば、教員側が提供する授業内容(各教科で教えるべき知識など)がメインでありすべてであったのに対して、「認知プロセスの外化[4]」が盛り込まれることによって、それを学習する過程で学んだことやそこにおける自分の姿勢などを他者との関係で振り返ることに注目する必要があると言える。

　溝上氏の定義は、裏を返せば、50分授業であれば、50分間フルに教員が講義(板書＆説明、たまに発問)をするのではなく、その時間を短縮して学習者の能動的な学習の時間を確保する必要があることになる。この溝上氏の定義が発表されたとき、板書を省くことができ、説明をコンパクトにして伝わりやすくするKP法が教員の講義において活用しやすいことが、特にICT機器が整っていない学校では明白になったと確信した。本書後半の各実践レポートにおいてもそのことが多くの方々によって指摘されている。

　ここまでの記述で特に説明をしていない気になる点(・)がある。「アクティブ・ラーニング」と「アクティブラーニング」という表記の違いである。溝上氏によると「単語の区切りに「・」(中黒)を入れるのは、外国語を日本語に訳すときの日本人の一般的慣習であるが、active learningはひとまとまりの連語と見なせるもの」[5]であり、「筆者(溝上氏)の定義に基づくものを「アクティブラーニング」とし、中央教育審議会答申をはじめとする文部科学省の施策用語を「アクティブ・ラーニング」として区別」[6]するという。

　以下、本章では、文科省によるものを「アクティブ・ラーニング」、溝上氏の定義に基づく場合は「アクティブラーニング」をそれぞれ使用したい。

4 「アクティブ・ラーニング」の視点としての「主体的・対話的で深い学び」の実現

　溝上氏の著書が刊行された直後の2014年11月、中央教育審議会・文部科学大臣諮問「初等中等教育における教育課程の基準等の在り方につい

て」(大臣諮問)が公表され、「アクティブ・ラーニング」は、高等教育(質的転換答申)に加えて、初等・中等教育においても施策として進められていくことが明確となった。該当する部分を引用すると、次の通りである。

> ある事柄に関する知識の伝達だけに偏らず、学ぶことと社会とのつながりをより意識した教育を行い、子供たちがそうした教育のプロセスを通じて、基礎的な知識・技能を習得するとともに、実社会や実生活の中でそれらを活用しながら、自ら課題を発見し、その解決に向けて主体的・協働的に探究し、学びの成果等を表現し、更に実践に生かしていけるようにすることが重要であるという視点です。
> 　そのために必要な力を子供たちに育むためには、「何を教えるか」という知識の質や量の改善はもちろんのこと、「どのように学ぶか」という、学びの質や深まりを重視することが必要であり、課題の発見と解決に向けて主体的・協働的に学ぶ学習(いわゆる「アクティブ・ラーニング」)や、そのための指導の方法等を充実させていく必要があります。こうした学習・指導方法は、知識・技能を定着させる上でも、また、子供たちの学習意欲を高める上でも効果的であることが、これまでの実践の成果から指摘されています。
> (中央教育審議会・文部科学大臣諮問「初等中等教育における教育課程の基準等の在り方について(諮問)」2014年11月)

まず「課題の発見と解決に向けて主体的・協働的に学ぶ学習(いわゆる「アクティブ・ラーニング」)」とあり、「アクティブ・ラーニング」が簡潔に定義されている。鈴木建生氏は、この部分について「何らかの現状に自らの問いを立て、自分の意志・判断で、同じ目的のために他者と協力して学ぶ学習」と解釈している[7]。また、「そのための指導の方法等を充実させていく必要」があり、さらに「「何を教えるか」という知識の質や量の改善はもちろんのこと、「どのように学ぶか」という、学びの質や深まりを重視することが必要」と明記されているので、生徒を主語とした学習と教員による指導(課題設定・教材の質量の調整やその準備など)を意識した授業デザインが求められている。そして、それが「知識・技

能を定着させる上でも、また、子供たちの学習意欲を高める上でも効果的」であることは、ここ数年の授業実践によっても証明されており、さらに本書第3章の各実践レポートを読んでいただいても明らかである。

次に、「学ぶことと社会とのつながりをより意識した教育」という日常的なキャリア教育とも言えそうな教育[8]が、基本的な知識・技能の「習得」、習得したことを実社会・実生活の中で「活用」、課題発見・解決に向けて主体的・協働的に「探究」、という学習プロセスによってなされることを求めている[9]。

大臣諮問を受けてその後、中教審では議論が重ねられて、2015年8月、中央教育審議会初等中等教育分科会教育課程部会教育課程企画特別部会「教育課程企画特別部会における論点整理について(報告)」(論点整理)として示された。「アクティブ・ラーニング」について、大臣諮問で定義された「課題の発見と解決に向けて主体的・協働的に学ぶ学習(いわゆる「アクティブ・ラーニング」)」をより具体的なものとした3つの学びの視点が注目できる。

> ⅰ) 習得・活用・探究という学習プロセスの中で、問題発見・解決を念頭に置いた深い学びの過程が実現できているかどうか。
>
> 　新しい知識や技能を習得したり、それを実際に活用して、問題解決に向けた探究活動を行ったりする中で、資質・能力の三つの柱に示す力が総合的に活用・発揮される場面が設定されることが重要である。教員はこのプロセスの中で、教える場面と、子供たちに思考・判断・表現させる場面を効果的に設計し関連させながら指導していくことが求められる。
>
> ⅱ) 他者との協働や外界との相互作用を通じて、自らの考えを広げ深める、対話的な学びの過程が実現できているかどうか。
>
> 　身に付けた知識や技能を定着させるとともに、物事の多面的で深い理解に至るためには、多様な表現を通じて、教師と子供や、子供同士が対話し、それによって思考を広げ深めていくことが求められる。こうした観点から、前回改訂における各教科等を貫く改善の視点である言語活動の充実も、引き続き重要である。

> ⅲ）子供たちが見通しを持って粘り強く取り組み、自らの学習活動を振り返って次につなげる、主体的な学びの過程が実現できているかどうか。
>
> 　子供自身が興味を持って積極的に取り組むとともに、学習活動を自ら振り返り意味付けたり、獲得された知識・技能や育成された資質・能力を自覚したり、共有したりすることが重要である。子供の学びに向かう力を刺激するためには、実社会や実生活に関わる主題に関する学習を積極的に取り入れていくことや、前回改訂で重視された体験活動の充実を図り、その成果を振り返って次の学びにつなげていくことなども引き続き重要である。
>
> （中央教育審議会初等中等教育分科会教育課程部会教育課程企画特別部会「教育課程企画特別部会における論点整理について（報告）」2015年8月、18頁）

　「アクティブ・ラーニング」とは、生徒が「深い学び」「対話的な学び」「主体的な学び」（の過程）が実現できている状態を指すことが明示されている。「深い学びの過程」とは、習得・活用・探究の学習プロセスの中で「資質・能力の三つの柱」（＝学校教育法第30条第2項「学力の3要素」）である「基礎的・基本的な知識・技能」「知識・技能を活用して課題を解決するために必要な思考力・判断力・表現力等」「主体的に学習に取り組む態度」が活用・発揮できている場である。「対話的な学びの過程」とは、「言語活動の充実」を他者との協働（教員と生徒、生徒同士の対話）によって実現し思考を深められる場である。「主体的な学びの過程」とは、生徒自身が積極的に取り組むような「体験活動の充実」を実社会や実生活に関わる主題を中心に設定し成果を生むとともに、その成果を振り返って次の学習につなげられる場である[10]。

　このように、大臣諮問・論点整理の内容は、講義などによる知識の伝達・注入は「してはいけないもの」、ディスカッション・ディベート・グループワーク等の活動を「させなければならないもの」という質的転換答申における「アクティブ・ラーニング」への誤解を解くことにつながるものとなっている。しかし、果たしてこの誤解は解けているのか。「論点整理」において、次のような指摘がなされている。

> 育成すべき資質・能力を総合的に育むという意義を踏まえた積極的な取組の重要性が指摘される一方で、指導法を一定の型にはめ、教育の質の改善のための取組が、狭い意味での授業の方法や技術の改善に終始するのではないかといった懸念などである。我が国の教育界は極めて真摯に教育技術の改善を模索する教員の意欲や姿勢に支えられていることは確かであるものの、これらの工夫や改善が、ともすると本来の目的を見失い、特定の学習や指導の「型」に拘泥する事態を招きかねないのではないかとの指摘を踏まえての危惧と考えられる。
> (中央教育審議会初等中等教育分科会教育課程部会教育課程企画特別部会「教育課程企画特別部会における論点整理について(報告)」2015年8月、17頁)

　例えば「講義→グループワーク→小テスト→振り返り」といった、授業の流れだけにこだわった「型だけ授業」が「アクティブ・ラーニング」につながるわけではなく、「育成すべき資質・能力を総合的に育むという意義を踏まえた」、学習者が主体となる授業デザインが必要である。つまり、繰り返しになるが、溝上氏が強調する、教授パラダイムから学習(と成長)パラダイムへの転換である。

　したがって、教員のマインド(あり方)とそれに伴う生徒のマインド(あり方)が、教え込む／教え込まれる、やらせる／やらされるといった関係性ではなく、教員は学習者である生徒の学びへの案内役・協力者であり、生徒は本来持っている学習意欲を学校や教員によって引き出される関係にあると考えられる。

　なお、川嶋さんの『KP法』(73頁)に、次のような指摘がある。

> KP法は、圧倒する情報の量で聞き手を打ち負かすようなプレゼンテーションの方法(ドッジボール・コミュニケーション)ではなく、聞き手に考える、対話するきっかけを手渡しているのだと思います。もともとプレゼンテーションは発信者の持っているものを一方的に伝えるだけではなく、それを受け取った聞き手が、自分ならどうしよ

> う、どう行動しようと考えるきっかけを与えることが重要です。

　教員の講義における知識の質や量を考えたKP法のようなプレゼンテーション方法は、聞き手である生徒が対話するきっかけを提示し、生徒の学習活動の促進のための手助けとなるものである（それは、生徒同士でKP法を行う場合でも同様である）。生徒が「自分ならどうしよう、どう行動しよう」と考えることができれば、生徒が本来持っている学習意欲は自ずと引き出されることは想像に難くなく、本書第3章の各実践レポートでもその様子を読み取ることができる。

5　私の授業実践紹介～KP法の使いどころ～

　ここでは、KP法とアクティブラーニングとの関係を考える具体例として、私が高校教員時代の日本史の授業実践について紹介する[11]。私の授業では、教員の講義部分でのKP法と生徒による知識習得のためのKP法の主に2パターンを実践した。以下、授業の前提となるねらいや参加の心得なども含めて紹介したい。
　ちなみに、私は「アクティブラーニング」について、次のような意味で考えている。

> アクティブラーナー[12]（能動的に学び続ける人＝学び家［マナビカ］[13]＝学び続ける専門家）を育成することを目的・目標とする授業・学習の場がアクティブラーニングにつながる。

〈①授業のねらいの明確化〉
　まず、日本史の授業の目的としては、次のように生徒に伝えていた。

> 日本史の知識習得だけではなく、日本史を通して「社会人」＝"学び家（か）"になる！（指示待ちで教わってばかりの"教わり家"では

なく、主体的・積極的に学べる"学び家")

また、授業で大切にしたいこととしては、次の2点を生徒に掲げていた。

○日本史を学びながら、今の自分たちの常識から考えて「変だなぁ」と思うことをできるだけ多く発見すること(疑問を持つこと・わからないことをきちんと認識すること)が"学び家"への第一歩!(さらに、その疑問を自分たちの知恵で解いていくことができるとなおいい!)
○クラスメイト・仲間(=学びの友[学友])とのコミュニケーション(学習ネットワーク)を通して、「感謝の気持ち」と「謙虚さ」を持てる"学び家"になる!

〈②参加の心得〉
次に、授業への生徒の参加姿勢(心得)については、次の4点を掲げていた。

★「きくはきく　はなすははなす」
　…「聴く(listen)・訊く(ask)は効く」「話す(speak)は離す・放す」
　（話しすぎは理解を鈍らせる、言葉は暴力にもなるなど）
★暇な人はいらない!
　…「暇な人にならない」ため、「暇な人を作らない」ためにどうすれば良いか、意識できるようにする!
★「フリーライダー」はいらない!
　…「フリーライダー」(他のメンバーに頼りっきりでその成果にタダ乗りする人)では、授業に参加しても成長なし!
★まずは、とにかく「質より量」!
　…自分たちで考えたことはできるだけたくさんアウトプットしてから整理することを考えよう!最終的には質≦量(質も量も)を目指そう!

〈③授業の流れ1:教員によるKP法の利用〉

その次に授業の流れについて。次のプロセスを、毎時間ほぼ同じように展開することで生徒の予測可能な活動を促し、能動的な学習につなげる。

《授業の流れ(50分)》

		内容	生徒の動き	時間
①	導入	・「本日の問い」提示 ・授業の趣旨説明　など	・「本日の問い」を配付プリントに書き写す ・導入の簡単な活動に参加	8分
②	講義 《知識》《思考》	・KP法で本日のポイントをプレゼン	・プレゼンを聴く	5分
③	作業 【習得】 《知識》	・基本事項の確認	・授業内容が書かれたプリントを読み、簡単な問題を解く	5分
④	学習 【習得】 《知識》 《思考・判断・表現》	・「3つの問い」について	・提示された「3つの問い」(「参勤交代にどんな意味があったか?」のような内容を訊く問い)について考え、うち2つの問いは配付された付箋に記入	12分
⑤	試験 【習得】	・基本事項の確認	・③で解いた問題(一問一答・正誤問題)を解き、さらに④で提示された残りの問い1つを記入する	5分
⑥	振り返り 【活用】 《思考・判断・表現》	・行動の振り返り(メタ認知) ・「本日の問い」を質より量で記入(A4用紙1枚分程度) ・担当者と対話	・該当する行動に☑を入れる ・文章、箇条書き、図、など自由に記入 ・振り返りと「質より量シート」を担当者のところに持って行き対話	15分

教員によるKP法での講義の一例

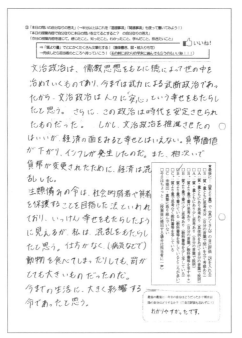

生徒による「質より量シート」の記入の一例

〈④授業の流れ２：生徒によるKP法の利用〉

　上記のプロセスの授業とは別に、生徒がKP法を実施する時間を設ける場合もあった。単元の復習や内容が多岐にわたる場合は、KP法とジグソー法[14]をかけあわせて授業(KPJ)を展開することがあった。

《授業の流れ(50分×2)》

		内容	生徒の動き	時間
①	導入	・「本日の問い」提示 ・授業の趣旨説明　など	・「本日の問い」を配付プリントに書き写す ・導入の簡単な活動に参加	10分
②	エキスパート活動 【習得】 《知識》 《思考・判断》	・分担箇所の学習	・各自の分担箇所について、ミニKP紙(B6)を作成し、わかりやすく説明できるようにする	50分
③	ジグソー活動 【習得】 《表現》	・基本事項の確認	・各エキスパートが集合し、KP法で担当部分を説明(1名あたり3分) →時間が余った場合、質問や説明に対するフィードバックをする	20分
④	振り返り1	・エキスパート活動のチームに戻り、振り返る。	・感想、説明の方法、伝わりにくかった点、好評だった点を共有する	5分
⑤	振り返り2 【活用】 《思考・判断・表現》	・行動の振り返り(メタ認知) ・「本日の問い」を質より量で記入(A4用紙1枚分程度) ・担当者と対話	・該当する行動に☑を入れる ・文章、箇条書き、図、など自由に記入 ・振り返りと「質より量シート」を担当者のところに持って行き対話	15分

生徒によるKP法でのプレゼン風景

生徒によるミニKP紙の一例

　深く歴史を学ぶ授業とは、現段階では、授業で学んでいる内容（大学以上であれば史資料解釈や理論・概念の（再）構築）とそれを学んでいる自分自身をメタ認知することができることだと考えている。そのためには、深く思考することが必要である。「難しい」問題に取り組み、それに対して自分の思いや考えを持ち（そしてその思考に自信を持った時に）、まわりの誰かにそれを説明したい！　聴いて欲しい！　という感情が生まれ、それをきちんと実践できれば深く思考しているのではないだろうか。私はそのために、KP法でのプレゼンや「質より量」で書かせるためのプロセスでの活動に工夫を加えてきた。悩みに悩んで…。生徒の思考を働かせる場をつくり深い学びの場を生むためには？　生徒が自分に合った学び方を自分で見つけられるようにするためには？　など、日々の授業実践

を重ねれば重ねるほど悩みが尽きない。なお、大学に授業の場が移っても、「現代日本の歴史」という履修者が120名以上いる半期の授業で毎回学生がミニKPシート（B6用紙）を作成してペアでプレゼンする場をつくっている。

6 KP法と評価

　日々の授業での学びの過程や成果を可視化するために「評価」は不可欠である[15]。なお、ここでいう評価は、教師による成績づけのための「評定」のみを意味するものではない。評価者は教員のみならず生徒も主体となりえる。

　ここ数年、私自身も授業に関わる研修・セミナーなどの講師を務める中で、生徒の活動についてどのように「評価」すればいいのか？　という質問は必ず出てくる（この場合の評価は「評定」だけに関わる場合が大部分であるが）。高校や大学での私の授業実践では、KP法でのプレゼンそのものに評価をすることはほとんどない。強いてあげるとすれば、生徒・学生同士のフィードバックは他者評価ということができる。ここでは、生徒の成長を意識した評価の方法とKP法との関係について考えてみたい。

6-1．杉山実践におけるKP法の評価

　第3章の実践レポートの杉山先生による授業実践（146〜151頁）では、日本史の授業の冒頭に前時の復習内容の確認を生徒1名（もしくは2名）がKP法で行う。その際に、教員（杉山先生）は、そのプレゼンについてチェック項目を設けて、さらに簡単なコメントをつけて生徒にフィードバックをする。

　さらに、このKP法がパフォーマンス評価として評定の一部となる。杉山先生の授業では、定期試験（マークシート式・論述式問題）60％、小テスト（一問一答式問題）20％、パフォーマンス評価20％で評定がなされている。

　パフォーマンス評価とは、「ある特定の文脈のもとで、様々な知識や技

_____さんのKP法について

評価項目	評価
①号令（切り換え）：時間通りに号令をかけてクラスが授業に臨む姿勢だった	A・B・C・D・E
②アイコンタクト：聴衆を偏りなく見ていた（手元や黒板・KPばかり見ていない）	A・B・C・D・E
③表情：フレンドリーな表情で、リラックスしていた	A・B・C・D・E
④姿勢：良い姿勢で身振り手振りもしっかりしていた（堂々と誠実な姿勢であった）	A・B・C・D・E
⑤声：適切な大きさ＆スピードで、聴き取りやすい発音だった	A・B・C・D・E
⑥紙芝居：最大3色・一行10文字以内・最大三行で見やすいスタイルとなっていた	A・B・C・D・E
⑦内容：前時の復習をしっかり押さえていた（＋αの情報も盛り込まれていた）	A・B・C・D・E
⑧質問：問いの立て方・質問の仕方・意見の受け取り方が上手だった	A・B・C・D・E
⑨巻き込み力：スピーチではなくプレゼンして聴衆を巻き込んでいた	A・B・C・D・E
⑩オリジナリティ：その人らしさや工夫がみられたプレゼンだった	A・B・C・D・E

※A：大変優れている／B：優れている／C：普通／D：もう少し／E：準備不足

★プレゼンを聞いて気づいたこと・感想・コメント・アドバイスなど。

KP評価シート

授業冒頭に行う生徒による前時の復習KP

能などを用いて行われる人のふるまいや作品を、直接的に評価する方法」[16]である。杉山実践におけるパフォーマンス評価としての生徒によるKP法では、各評価項目において、プレゼンテーションスキル、内容理解、深い学びにつながる問いづくりなどが評価されることによって、知識の習得具合だけを測るペーパーテストでは測れないパフォーマンスの部分が評価され、生徒のリフレクションにもつながる仕掛けがなされている。

なお、杉山先生の評価方法は、評定とは関係なく、指導の途中で行われる形成的評価(学習のための評価)や、本書第3章の各実践レポートにもたびたび登場する生徒同士のKP法において生徒自身による学習改善につながる評価方法としても活用できる。

6-2. KP法とルーブリック評価

パフォーマンス評価や形成的評価で評価基準として、近年注目されているのがルーブリック(評価)である。ルーブリックとは、「成功の度合いを示す数段階程度の尺度(scale)と、尺度に示された評点・標語のそれぞれに対応するパフォーマンスの特徴を記した記述語(descriptor)から成る評価基準表」[17]のことである。

例えば、杉山実践における評価シートの一部を参考に、ルーブリックを作ると次のようになる[18]。

評価観点 評価尺度	プレゼンテーションの姿勢
A (大変優れている)	聴き手に適切な大きさとスピードで聞き取りやすい発音であった。聴き手を引き込むように、アイコンタクト、フレンドリーな表情、身振り手振りが使われた伝わるプレゼンになっていた。
B (優れている)	聴き手によく聞こえる発音であった。聴き手を引き込むように、アイコンタクト、フレンドリーな表情、身振り手振りが使われたプレゼンになっていた。
C (普通)	聴き手に聞こえる発音であったが、説明がコンパクトではなかった。聴き手を引き込むように、アイコンタクト、フレンドリーな表情、身振り手振りが使われたが、効果的に使えていない場面があった。
D (もう少し)	聴き手に聞こえる発音ではないことが多々あった。聴き手が理解しづらい説明であった。アイコンタクト、フレンドリーな表情、身振り手振りなど、聞き手を引き込む試みがほとんどなかった。
E (準備不足)	聴き手に聞こえる発音ではなかった。聴き手が理解できないくらい不明確な説明であった。アイコンタクト、フレンドリーな表情、身振り手振りなど、聞き手を引き込む試みがまったくなかった。

ここでは、プレゼンテーションスキルを中心に例をあげたが、それ以

外にもプレゼン内容、問い・質問づくりの質に関わる評価、KPシートそのものとその構成についての評価など、評価観点として考えられる。

　さらに、作成したKPシートやその評価を蓄積することでポートフォリオを作成することができる。そして、そのポートフォリオは学習活動の過程そのものであり成果ともなりえる。したがって、それ自体を評価するポートフォリオ評価につなげることもできる。それは、生徒自身が学習のあり方について自己評価することを促すとともに、教員も生徒の学習と教員自身の指導・教育活動の見直し（評価）につなげることも可能である。

　教員が生徒を上から目線で評価するだけではなく、お互いに主体となって評価することで、教員と生徒の成長につながり、お互いにアクティブラーナーとして学び続けることが可能となろう。

　以上のように、KP法とアクティブラーニングに関わる問題について私なりに論述・整理を試みた。KP法と評価との関係については実践例が多いとは言えないが、アクティブラーニングと評価の問題は、生徒と教員の成長やあり方（being）という視点でさらに追究されていくものと願いたい。

〈註〉
1　溝上慎一『アクティブラーニングと教授学習パラダイムの転換』（東信堂、2014年）、同「アクティブラーニングの背景」（同監修、同編『Active Learning 4 高等学校におけるアクティブラーニング：理論編』東信堂、2016年）など参照。
2　質的転換答申の問題点については、溝上慎一「大学教育におけるアクティブラーニングとは」（同監修、同編『Active Learning 4 高等学校におけるアクティブラーニング：理論編』東信堂、2016年）、成田秀夫（溝上慎一監修）『Active Learning 6 アクティブラーニングをどう始めるか』（東信堂、2016年）参照。
3　溝上慎一前掲註（1）著書、7頁。
4　「認知プロセスの外化」については、溝上慎一「大学教育におけるアクティブラーニングとは」（前掲註2）32〜34頁で、溝上氏自らの手によって補足説明がなされている。

5 溝上慎一前掲註（1）著書、6頁。
6 溝上慎一「大学教育におけるアクティブラーニングとは」（前掲註2）39〜40頁。
7 鈴木建生「学習者の幸福を追求する授業実践」（小山英樹・峯下隆志・同『この一冊でわかるアクティブラーニング』PHP、2016年）144頁。
8 キャリア教育とアクティブラーニングとの関係については、鈴木達哉「キャリア教育の視点から見たアクティブラーニング」（溝上慎一監修、同編『Active Learning 4 高等学校におけるアクティブラーニング：理論編』東信堂、2016年）など参照。
9 「習得」「活用」「探究」という学習プロセスの具体像について、安彦忠彦『「コンピテンシー・ベース」を超える授業づくり』（図書文化社、2014年）、同「習得から活用・探究へ」（溝上慎一監修、同編『Active Learning 4 高等学校におけるアクティブラーニング：理論編』東信堂、2016年）、下町壽男・浦崎太郎・藤岡慎二・荒瀬克己・安彦忠彦・溝上慎一『アクティブラーニング実践Ⅱ—アクティブラーニングとカリキュラム・マネジメントがよくわかる—』（産業能率大学出版部、2016年）など参照。
10 本稿執筆中の2016年8月26日、中央教育審議会初等中等教育分科会教育課程部会より「次期学習指導要領等に向けたこれまでの審議のまとめ」が発表された。ここにおいても、例えば「「主体的・対話的で深い学び」が実現するように、日々の授業を改善していくための視点を共有し、授業改善に向けた取組を活性化しようとするのが、「アクティブ・ラーニング」の視点である」（23頁）とあり、まとめの随所に「主体的・対話的で深い学び」の実現のための「アクティブ・ラーニング」の視点の必要性が強調されている。
11 私の授業実践に関わる紹介・論考は次の通りである。
①「高校日本史におけるアクティブラーニング型授業の実践」（専修大学附属高等学校『紀要』33、2013年）
②河合塾『Guideline』（45号、2014年4・5月号）［変わる高校教育（第1回　授業改善）］「生徒の声に耳を傾け、教員との情報交換を通じて、チーム学習中心の授業に転換」
（http://www.keinet.ne.jp/gl/14/04/koukou_1404.pdf）
③三幸学園『アクティブラーニング情報通信』№3（2015年2月）「AL（ア

クティブラーニング)実施高等学校インタビュー」
④「アクティブラーニング型授業と歴史的思考力の育成―高大連携・接続での汎用的な歴史教育の可能性を考える―」(専修大学附属高等学校『紀要』34号、2015年)
⑤「遣唐使派遣と「国風文化」―歴史的思考力の育成とアクティブラーニング型授業を意識した授業実践―」(『歴史地理教育』833、2015年)
⑥リクルート『Career Guidance』(408号、2015年7月号)[教科でキャリア教育 日本史]「多様な学び方を用意した「思考を働かせる」授業で生徒が「対話や学習をしたくなる」ことをめざす」(http://souken.shingakunet.com/career_g/2015/07/2015_cg408_56.pdf)
⑦「AL型授業実践レポート21思考が対話を促し、対話が個の思考を深める」(小林昭文ほか編『現場ですぐに使える。アクティブラーニング実践』産業能率大学出版部、2015年)※編者も担当
⑧日本環境教育フォーラム機関紙『地球のこども』(2015年9・10月号)[アクティブラーニングってなに?]「アクティブラーニング型授業は何を目指しているの?」(http://www.jeef.or.jp/child/201509tokusyu02/)
⑨「大学付属高等学校における汎用的な歴史教育の実践と課題―高大接続・連携をめざして―」(大阪大学歴史養育研究会・公益財団法人史学会編『史学会125周年リレーシンポジウム2014 1 教育が開く新しい歴史学』山川出版社、2015年)
⑩「高等学校でファシリテーション・チームビルディングを学ぶ授業―高大連携、そして社会・未来への架け橋としての場づくり―」(専修大学附属高等学校『紀要』35号、2016年)
⑪「情動にも関わる大きな問いを通して歴史的事実を自分事として思考する」(『総合教育技術』2016年4月号)
⑫「「質より量での思考」から始めよう―思考が対話を促し、対話が個の思考を深める―」(『社会科教育』2016年5月号)
⑬「高校日本史の授業のつくり方―アクティブラーナーの育成を意識した授業デザイン―」(『歴史と地理』日本史の研究254、697号、2016年)

12 「アクティブラーナー」の意味について、成田秀夫氏は「一人ひとりが

自立した人格を持ち、知識を活用しながら状況に応じて的確に判断を下し、自ら発見した問題あるいは社会的な課題を他者と協力しながら解決する人」と定義している(成田秀夫「アクティブラーニングとは」河合塾編、小林昭文・成田秀夫著『今日から始めるアクティブラーニング』学事出版、2015年、25頁)。

13 「学び家」については、高木幹夫『「学び家」で行こう』(みくに出版、2014年)参照。

14 ここでいう「ジグソー法」は「知識構成型ジグソー法」を参考にしている。それは、「生徒に課題を提示し、課題解決の手がかりとなる知識を与えて、その部品を組み合わせることによって答えを作り上げるという活動を中心とした授業デザインの手法」である。三宅なほみ・東京大学CoREF・河合塾編『協調学習とは―対話を通して理解を深めるアクティブラーニング型授業』(北大路書房、2016年)参照。

15 評価については、溝上慎一監修、松下佳代・石井英真編『アクティブラーニングの評価』(東信堂、2016年)、西岡加名恵・石井英真・田中耕治編『新しい教育評価入門―人を育てる評価のために―』(有斐閣、2015年)など参照。

16 松下佳代『パフォーマンス評価―子どもの思考と表現を評価する―』(日本標準、2007年) 6頁など参照。

17 西岡加名恵編著『「逆向き設計」で確かな学力を保障する』(明治図書出版、2008年)24頁など参照。

18 ルーブリック作成に際して、ダネル・スティーブンス・アントニア・レビ『大学教員のためのルーブリック評価入門』(佐藤浩章監訳、井上敏憲・俣野秀典訳、玉川大学出版部、2014年、原著2013年)を参照した。

〈本書と関連するアクティブラーニングに関する書籍〉
(※註にあげた書籍と重複するものもある)

【アクティブラーニング全般にわたる書籍】
○教育課程研究会編著『「アクティブ・ラーニング」を考える』(東洋館出版社、2016年)
○溝上慎一監修『Active Learning(アクティブラーニング・シリーズ)』全7巻(東信堂、2016年)
　①安永悟・関田一彦・水野正朗編『アクティブラーニングの技法・授業デザイン』
　②溝上慎一・成田秀夫編『アクティブラーニングとしてのPBLと探究的な学習』
　③松下佳代・石井英真編『アクティブラーニングの評価』
　④溝上慎一編『高等学校におけるアクティブラーニング：理論編』
　⑤溝上慎一編『高等学校におけるアクティブラーニング：事例編』
　⑥成田秀夫著『アクティブラーニングをどう始めるか』
　⑦亀倉正彦著『失敗事例から学ぶ大学でのアクティブラーニング』

【アクティブラーニングに導く実践的な入門書籍】
○小林昭文・鈴木達哉・鈴木映司・アクティブラーニング実践プロジェクト編著『現場ですぐに使える。アクティブラーニング実践』(産業能率大学出版部、2015年)
○小林昭文『アクティブラーニングを支えるカウンセリング24の基本スキル』(ほんの森出版、2016年)
○杉江修治『協同学習入門－基本の理解と51の工夫－』(ナカニシヤ出版、2011年)

【ファシリテーション・場づくりに関わる書籍】
○上野行一『風神雷神はなぜ笑っているのか－対話による鑑賞完全講座－』(光村図書出版、2014年)
○津村俊充『プロセス・エデュケーション－学びを支援するファシリテーションの理論と実際－』(金子書房、2012年)
○中野民夫監修・三田地真実著『ファシリテーター行動指南書－意味ある場づくりのために－』(ナカニシヤ出版、2013年)

【学力・評価に関わる書籍】
○石井英真『今求められる学力と学びとは—コンピテンシー・ベースのカリキュラムの光と影—』（日本標準、2015年）
○関田一彦・渡辺貴裕・仲道雅輝『教育評価との付き合い方—これからの教師のために—』（さくら社、2016年）
○西岡加名恵編著『資質・能力を育てるパフォーマンス評価　アクティブ・ラーニングをどう充実させるか』（明治図書出版、2016年）

【問い・質問に関わる書籍】
○ダン・ロススタイン・ルース・サンタナ（吉田新一郎訳）『たった一つを変えるだけ—クラスも教師も自立する「質問づくり」—』（新評論、2015年、原著2011年）
○苫野一徳『勉強するのは何のため？—僕らの「答え」のつくり方—』（日本評論社、2013年）
○八田幸恵『教室における読みのカリキュラム設計』（日本標準、2015年）
○マイケルｊ．マーコード（清宮普美代・堀本麻由子訳）『実践アクションラーニング入門—問題解決と組織学習がリーダーを育てる—』（ダイヤモンド社、2004年、原著2004年）

【大学でのアクティブラーニングに関わる書籍】
○スーザンＡ．アンブローズ・マイケルＷ．ブリッジズ・ミケーレディピエトロ・マーシャＣ．ラベット・マリーＫ．ノーマン（栗田佳代子訳）『大学における「学びの場」づくり—よりよいティーチングのための７つの原理—』（玉川大学出版部、2014年、原著2010年）
○中野民夫・三田地真実編著『ファシリテーションで大学が変わる—アクティブ・ラーニングにいのちを吹き込むには—』（ナカニシヤ出版、2016年）
○松下佳代・京都大学高等教育研究開発推進センター編著『ディープ・アクティブラーニング—大学授業を深化させるために—』（勁草書房、2015年）

全国23人の先生による教室での
KP法実践レポート

高校を中心に、中学、大学、小学生対象の学習塾の事例を紹介

本章では、全国の23人の先生方によるKP法を活用した授業の実践を紹介する。各レポートの最初に授業の狙いや流れをフォーマットにそって紹介していただき、それに続き授業の概要をまとめていただいた。各執筆者の所属は、2016年8月現在のものである。

持続可能なKP活用
日常の授業でいつでも何度でも使えるKPシートを活用したアクティブラーニング型授業

氏 名	河口　竜行	(かわぐち・たつゆき)	担当教科	国語科
学校名	渋谷教育学園渋谷中学高等学校		教員歴	29年

教科	国語	科目	漢文	対象学年	高2	生徒数	40
単元	文章(資治通鑑より『蘇武と李陵』)						
使用教科書	プリント教材						

▶当該授業の目的と目標

まず個人で読む際に、言葉や歴史に関する自分の知識や想像力をフルに活用して本文にあたる習慣をつける。次に、4人のグループ内で正確な解釈を作成するために、知識や意見を互いに積極的に伝えあって交換する態度を養う。本文以外に配布されている資料(司馬遷『史記・匈奴列伝』、中島敦『李陵』それぞれ数か所)を参考に、蘇武と李陵の置かれた立場や、発言のもとにあるそれぞれの葛藤を理解する。同時に、重要語・重要句形などの知識を定着させる。

▶授業の狙い、キャッチフレーズ

自分で読み、自分で解釈する。自分たちで読み、自分たちで解釈する。

▶KP法の使用方法

基本的事項・関連事項の提示(反復)。

▶KP法を使用することになった理由

以前から、グループワークで文章(古文や漢文)を読む時間を設ける中で、「レクチャー」の時間確保が課題となっていた。その限られた時間の中で板書をしているのは現実的でないため、「ホワイトボードのように書ける大判のビニールシート」を使用したり、PCを準備してパワーポイントのスライドを用いたりと、試行錯誤していた。その後KP法の講座を通してKP法の魅力に触れ、すぐに作れて何度も使えるという利点を生かし、重要ポイントをKP法で示すことにした。

▶授業の流れ

通常の授業でのパターン

内容	前回までの本文に関連する基本事項の確認	個人で本文を熟読	グループでの読解	グループで読んだ箇所に関する講義	基本事項の確認補足	計 45分
	5分	5分	20分	10分	5分	
教材	KP法			KP法	KP法	

授業で大事にしていること

　安心・安全の場作り。グループで本文に当たる際にも、グループから解釈について等を発表する際にも、さらには授業者が前で講義を行う際にも、生徒が安心して発言したり質問したりできる場を作る。

　また、語の意味や句形についての知識を増やすということだけに集中するのではなく、ふだん自分たちの使っている日本語や漢字そのものの意味をもとによく考えて本文の内容を理解しようとする姿勢を生徒が身につけること。そして、力がついているのは、教員から何らかの知識を受けとっているときよりも、グループの内外で生徒同士あれこれと吟味しあい議論しあっているときのほうであるということを生徒たちが確信できるような環境作りをする。

　特別な企画としてだけでなく、日常の授業としてのKP法の使用が続いていくこと。アクティブラーニング型授業に関しても同様で、教員にとっても生徒にとっても無理なく、ごく自然に、楽しく、主体的な学びのできる場である。

授業の大まかな流れ

　はじめに授業者が、前回までの本文中から重要な箇所をいくつかピックアップしてKPシートを示し、知識定着の確認をする。(重要事項確認コーナー)

　次に、時間を区切って各自で本文を熟読する。テキスト中の本文の範囲(終了箇所)は指定しない。ここでは本文や筆者作者などの基本知識を授業者が事前に説明することは最小限にとどめる。

　続いて、4人グループで本文の内容を吟味し解釈する。ここでも時間は指定するが、読む範囲は指定しない。早く進んでいるグループについては、先へ進んでよいものとする。わからない箇所があれば他のグループに質問しに行くことができる。辞書、電子辞書、タブレット型端末、スマートフォン等での調べものも自由。ただし、よく考えてからのほうがよいということを生徒は理解している状況である。

　グループの解釈などを発表する活動を入れつつ、授業者が本文の意味やその中の重要なポイントを解説する。また、関連の内容や本文の背景についてもこの段階でレクチャーに盛り込む。

教室の環境設定(机の配置、機器の準備など)

4人が机を寄せてグループを作る。この読解の授業では、4人ともきちんと机の向きを変えて、全員が互いに顔を見合わせることができるように設定している。

教師の事前準備

本文中の重要事項をKP法で提示できるよう、シートを作っておく。

```
(1) 重要語の確認  例：於・于・乎  則・乃・即・便・輒
(2) 語順の確認    例：主・述…空青  地震  春来
                      修・被修…青空  高山  楽勝
(3) 句形の確認    例：為A所B   A且B況C乎
```

KP法を使用する場面の具体的な使いどころ

以上のように、大きく分けて3種類のKPシートを用意しておく。

前時の復習として主に(1)を使用する。また本文の解説においては(3)を使用することが多い。さらに、折に触れ(2)も常に意識できるよう、準備している。

アクティブラーニング型授業とKP法の相性

今回は、いつでも何度でも繰り返し使える手軽さに主眼を置いて、漢文の授業を例に挙げることにした。アクティブラーニング型授業では、授業者が黒板の前に長く立っていて板書をするという時間がとりにくい。そんな中、以前は板書をまったくなくしてみたこともあった。

さまざまな情報の提示方法を試みた結果、現在はKP法が最もアクティブラーニング型授業に適しているというところに落ち着いている。

具体的な利点を挙げると…。
○作成するのが簡単である。(私の場合はすべて手書きを使用)
○あらかじめ用意してあるので、素早く提示することができる。
○提示、取り外しが簡単である。漢文の場合、説明しながら位置を入れ替える必要の生じることが多く、それにも容易に対応することができる。
○授業中に、その場で新しいものを作ることもできる。

○複数クラスを担当している場合、同じ情報を同じように提示するのが容易である。

〈漢文〉前時の重要事項をKPシート（1〜5枚程度）で示した後の個人で読む時間

　次に、別の例であるが、現代文の授業での活用も紹介しておきたい。現代文では、本文の内容を整理したシートを作成することもあるが、KP法の特徴が表れる使い方として、次のようなものがあった。
○グループでの作業を授業単位で提示したり、作業全体のレイアウトを一度に提示したりすることができる。
○作業の流れを示しながら、現在その中のどの地点にいるのかということを、簡単に示すことができる。
　次ページの写真の例では、共通の「本文」を用いて、各グループが読解問題を1題ずつ作るという活動を行った（授業6回）。問題とともに模範解答や採点の基準も作るので、ここまでで生徒たちはかなり真剣に本文を読み込むことになる。できた問題は、他のすべてのグループに届けられ、出題された側は、グループ単位で話し合って解答を記入する（同時に問題に対しての評価を記入する）。そしてその問題を作成したグループに提出する。

作成グループはそれを採点して返却。その後、各グループが、問題作成の意図や模範解答、採点の基準などを発表する。すべて終了後、振り返りシートを用いてグループ内での自分や仲間の学びを振り返る。

〈現代文〉他グループの作った問題への解答と評価を作成グループに提出

　以上のように、授業者・生徒ともども、KP法はあるのが当然という状況になっている。

　このように、アクティブラーニング型授業にKP法を活用することにより説明のテンポがよくなった。また明確な指示や、繰り返される基本事項の提示により生徒の学習効果もあがっている様子である。

今後の課題
　現代文・古典の両方で、生徒たちによるKPシートの作成と発表を増やしたい。さまざまな事例を参考にしながら、あくまで「日常」として、長く継続していきたい。

持続可能なKP活用　日常の授業でいつでも何度でも使える
KPシートを活用したアクティブラーニング型授業

〈現代文〉単元全体を提示しつつ、現在地を示すシートを動かしていけるのも便利な点

〈漢文〉置き字・重要語句・句形・語順など、従来は板書だった項目を提示

教員も、生徒たちも、授業に、部活に、保護者会に。広がるKP法の可能性

氏名	高橋 正忠 (たかはし・まさただ)	担当教科	国語科
学校名	渋谷教育学園渋谷中学高等学校	教員歴	14年

教科	国語	科目	現代文	対象学年	高2	生徒数	41
単元	夏目漱石『こころ』						
使用教科書	『こころ』夏目漱石(新潮文庫)						

▶当該授業の目的と目標

夏目漱石の「こころ」について、いわゆる教科書的な読みをただ受け取るのではなく、自分たちなりの主体的な読みを確立させる。
作品に対する問いを自分たちで設定し、それを本文の記述を主な根拠として論じさせる。その過程で、明治期の日本の近代化に対する漱石の問題意識といった別の単元で学んだ内容や、世界史で扱った西洋の近代化の特徴といった他教科で学んだ知識も参照させて、多面的な視点から考えさせる。

▶授業の狙い、キャッチフレーズ

自ら問いを立て、本文を根拠に、持てる知識とつなげて自分達なりの読みを確立する。

▶KP法の使用方法

単元の狙いや作業手順、基本的な知識や作業の注意点などの掲示。生徒たちのグループワークにおける発表準備や思考の整理、また発表方法として。

▶KP法を使用することになった理由

45分の授業時間の中で生徒に活動させるため、KP法で作業内容やポイントを授業中に掲示し続けることが、教員の説明を短時間で効果的なものとし生徒の時間確保につながると思った。またIT環境の整わない普通教室において生徒に発表させる際に、特別なスキルを必要とせず、教室で準備も発表もでき、グループによる作業でも準備を分担して行いやすいKP法は導入しやすく効果的であると考えた。

▶授業の流れ

授業の流れ

　授業の配分としては、2学期後半の授業10回分すべてを当てた。
　事前に夏休みの課題として、新潮文庫版の夏目漱石『こころ』を通読し、自分で問いをいくつか立てさせ提出させた。
　第1時はガイダンス。単元と授業計画の説明とKP法の紹介をした。第2時で3～5人のグループを作り、第7時までをグループワークとした。以下の4つのステップが基本的な進め方である。①内容確認、②問いを立てる、③自分たちなりに問いに対する答えを構築する。④KP法を用いたプレゼンの準備を行う。時間配分は生徒にある程度任せた。
①内容確認では、作品中の出来事を付箋に書き出し、それらを時系列に沿って並べ直す作業を行った。この作業が作品世界を丁寧に見直すことにつながり、問いを発見する契機となったり答えを構築する根拠づくりの土台となったりした。
②「問い」は、夏休みに生徒たちが立てた問いを一覧にして提示し、それらと確認作業の中で得た疑問点を基に各グループで自由に立てさせた。
③「答えの構築」に際しては、教室での作業に限られたので、本文の記述を基に、便覧や他教科のノートなどを適宜参考にしながら論を組み立てさせた。
④プレゼンは、5分程度という時間の制約のみ課し、枚数などは自由にしてKPを作らせた。

　第8、第9時で発表を行い、第10時に発表に対して教員から講評を行った。説得力のある読みや、本文だけに立脚した説得力を欠く読み、他の単元や教科で得た情報をうまくからめている読みなどを紹介するとともに、教員からもKPを用いてひとつの読みを提示し、まとめとした。
　各授業とも授業の残り5分の所で、活動を通して理解したことや次回の活動での課題、活動中に抱いた疑問や感想を振り返りシートに記入させた。これにより作業の進捗状況や生徒たちの課題を可視化できた。
　グループワークの授業では、始めの5分で、振り返りシートに書かれた生徒の疑問点や誤読を生みそうな点について、ヒントになる情報を提示した。100年前の小説を現代の価値観のみで判断しようとするなど、生徒たちは基本的なところでわき道にそれてしまう恐れがあるので、「明治

期の学校制度はどんなもの？」、「先生や青年、Kや静の年齢はいくつくらいだと想定できる？」などのヒントを提示し、便覧などの文献、他の単元で得た知識や他教科で学んだ知識との接続を促した。情報はKPで掲示しておき、グループでの作業中にも「黒板に何て書いてある？」などの声掛けと共に注目させた。

KP法導入による利点と見えてきた課題

今回は、IT設備に制限のある普通教室での授業だったので、グループの話し合いと発表の準備を授業中に同時にさせるには工夫が必要であった。パワーポイントによる発表を行おうとす

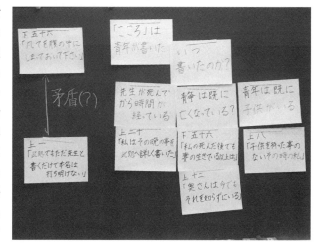

生徒たちが作成したKP

れば、普通教室での授業ではPCを使えないので、話し合いの成果を家に持ち帰って発表準備の作業をしていたと予想される。

また、班員間での分担もしづらく、PCに精通した班員1人に任せることも考えられる。しかしKP法を用いることで、話し合う中でどんどんとKPを作成することができるなど効率よく進められた。また作業分担も容易なので、メンバー間での負担の偏りも抑制できた。

授業後に行ったアンケートでは「シンプルなプレゼン形式のため、かえってグループごとの個性や創意工夫が見られ、飽きることなく発表に集中できた」との好意的な意見が見られた。

ただし課題も見つかった。今回は発表時間だけを大まかに設定し、KPの枚数を制限しなかった結果、グループによっては膨大な枚数を要すこ

教員も、生徒たちも、授業に、部活に、保護者会に。
広がるKP法の可能性

教員による「こころ」のひとつの読みの提示

とになり、時間も見やすさという点でも逆効果になる発表が見られた。また発表のリハーサルが不十分なために、パワーポイントのような視覚的な効果がないぶん、全く効果的に盛り上げられない発表も散見された。

生徒の発表に用いるときには、時間だけでなくKPの枚数にも縛りを設け、作成だけでなく発表の練習時間も確保することが重要だと感じた。

広がるKP法の可能性

私がKP法を初めて試したのは、授業ではなく監督を務めている高校野球部のミーティングにおいてである。夏休みに行う合宿では、練習がふだんよりも長時間にわたり内容も濃くなるぶんミーティングで話す内容も多

試合後の反省をポジションごとに話し合う

くなっていた。ふだんよりもきつい練習を終えて疲労を蓄積させた選手たちに、ふだんよりも多くのことを語っても残るものは少ないと考え、少ない言葉でシンプルに伝えようとKP法を導入した。1枚のKPに使える文字数には制限があるので、選手たちの心にグッとくるシンプルで力強い表現が求められ、結果として選手たちの頭にも残りやすくなったように感じられた。

　また、試合ごとに生徒たちで行う反省ミーティングもポジションごとのグループを作って行わせ、その成果を「試合の振り返り」、「課題の把握」、「解決策」といった枠組みを作ってKPで発表させた。1グループ4名ほどで、近いポジションごとに集まるので話も噛み合いやすく、自分にとって参考になる意見ばかりが交換されるので、話し合いに対する集中度も高まっていた。

　このように、思考整理ツールとして、また短時間で効果的に伝達する方法としてKP法が使えることに確信が持て、前述のような授業の場で、さらには保護者会でというように実践の場を広げていった。

保護者会もKP法で

　4月下旬に行われる高3生保護者対象の初めてのクラス懇談会をアクティブ・ラーニング形式で行った。あらかじめ保護者には自由に3〜4人のグループに分かれて着席してもらった。冒頭で懇談会の流れをKP法で示したのち、アイスブレイクとして保護者同士の自己紹介をKPを用いて行ってもらった。A4の紙を縦置きで三段に区切り、上段に「名前」、中段に「子どもの良いところ」、下段に「保護者自身の最近の関心事」を記入してもらい、グループ内の保護者同士で1人30秒間のプレゼンを行う。その後、こちらから今年1年間の進路の流れやポイントについてのKPを用いたプレゼン。グループ内での話し合い・情報共有を挟んで、最後に振り返り用紙を記入してもらう。これを約45分で行った。

　中高一貫校の6年目ということで、はじめから知り合い同士の方が多かったのかもしれないが、急に振られた自己紹介であっても、終始にこやかに子どもたちの長所や保護者自身の興味・関心について話し合ってくださっていたのが印象的だった。また、振り返り用紙にあった感想を見ても「いつもの懇談会と違って新鮮だった」、「最初に項目が掲示され

たので、懇談会の流れを把握することができてよかった」といった好意的な感想や、こちらがキーワードとして提示したことばを挙げて感想を述べてくださる方も少なからずいて、こちらの話が意図通りに伝わったと実感できた。

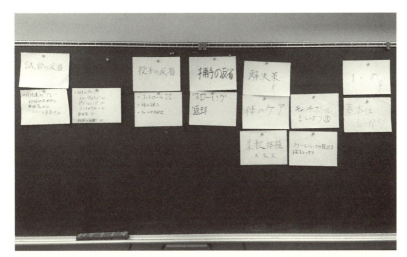

野球部員が作成したKP

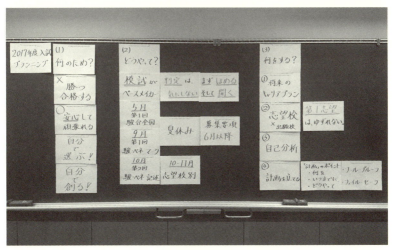

保護者会で提示したKP（入試プランニングのポイント）

協働の達成感を得るための、KP法の活用について 授業で大事にしていることと大まかな流れ

氏　名	寺戸 洋介（てらど・ようすけ）	担当教科	国語科
学校名	福岡工業大学附属城東高等学校	教員歴	17年

教科	国語	科目	古典B	対象学年	高2	生徒数	24
単元	漢文　韓愈「師説」						
使用教科書	古典B　漢文編（大修館書店）						

▶当該授業の目的と目標

「師説」は学習者としての在り方を対比や対句、例示を多く用いながら説く、高校生にはぜひ読ませたい文章。これまでの現代語訳は、本文を正確に訳すことに注力し、訳と言外の意味や構成の理解とが乖離している印象があった。そこでKP法とジグソー法による発表というゴールを明確にすることで、各自の読みとエキスパート活動による理解の深化がなされることを目指した。最終的には学習者としての自分の在り方につなげていくことを目標とした。

▶授業の狙い、キャッチフレーズ

KPシートを見直しただけで内容がわかるための、取捨選択にこだわろう。

▶KP法の使用方法

ジグソー法による発表を行う際の発表資料。（※ジグソー法については、第2章51ページ註14を参照）

▶KP法を使用することになった理由

国語は学習者が「読む」作業で理解したつもりになりがちな教科で、本校の生徒にも頭の中だけで処理しようとする傾向があった。また字面を追いかけるだけで、実はきちんと読んでいないことを、授業中の発問の中から感じ、この点を改善したいと考えていた。KP法は思考の顕在化、シート作成の段階での情報の取捨選択と再構成により、自らテキストと向き合うこと、さらにグループワークを併用し思考が深まることを期待して導入した。

▶授業の流れ

生徒主体のパターン

							計
内容	単元の説明と担当場面の決定	担当パートの分析とKPシートの作成	発表内容の確認	ジグソー法による発表	振り返り	まとめ	150分
	10分	40分	10分	30分	10分	50分	
教材	教科書	教科書・付箋・KPシート	KP法	KP法・ジグソー法	KP法	KP法・板書・プリント	

自分の「読み」が深まったか？

　KP法は教師が用いる場合と、生徒に作成・発表させる場合とに大別できると思われる。この授業においては生徒がジグソー法のエキスパート活動でKPシートを作成し、ジグソーグループでシートを用いて発表、自己評価と他者評価を行い、読みの深化を相互確認するという目標で行った。「読む→まとめる→話し合う→まとめ直す→情報の取捨選択→受け手の見やすさ→シート作成→発表練習→再構成→完成」の流れを逆算しながら「読む」という行為にあたると、初読から本文への取り組み方が変わってくる。

　作業としてはまず、各自が付箋を用いて本文中の必要な情報を書き上げる。次に整理・取捨選択を行うが、この段階では次のエキスパート活動の議論のために少し多めに情報を残しておく。

話し合いで「読み」が深まったか？

　「知」の深まりと視点の多様化を促すために、初読で行った個人の分析結果を、エキスパート活動を通じて共有し、なぜその情報を残したのかを議論していく。この取捨選択された情報を元に、KPシートの作成に入る。個人の読みから、グループでの読みという流れの中で、多くの気づきを得て「共有知」となる経験が、「協働」の喜びにつながっていく。この部分の活動で注意しているのが、議論に参加していない生徒がいないか、議論が本文の記述内容を踏まえて行われているか、ということである。感想を言い合うことも大事なプロセスではあるが、感想に終始すると、本文から逸脱した方向に進んでいく恐れがある。また、いわゆる読解力の育成という観点からも、あくまでも本文を拠り所とした

付箋を用いて、情報を共有

「読み」をしていく前提は崩すべきではないだろう。

授業実施に際してのルール

　今回の漢文の授業は、年間計画外の単元で行った。「初読」に対しての集中力を上げて、テキストと素直に向き合い分析を行うことを最初に提示した。現代語訳を前提とした「読み」では原語の持つニュアンスや字の持つ意味に目が向かなくなる恐れがある。また内容の理解が間違っていることを失敗と考えないことも併せて伝えた。仮に解釈が他のメンバーと異なった場合でも、グループ内で一旦検討し「異なる考えを受容する」ということをルールとして設定することで、発言しやすい環境をつくるようにした。

シート作成にあたって

　本文は５つの形式段落（①〜⑤）で構成されており、パートは、内容を考慮して、A〜Cの３つ（A：①／B：②・③／C：④・⑤）に分けた。シートの枚数は、事前に検討して５〜７枚とした。また、国語の授業でKPシートを作成する際は、やはり本文に準じたタテの書式を用いた方が違和感はない。今回はヨコ書きで作成させてみたが、生徒の側にもタテ→ヨコという書式の変換に違和感を持つ生徒が多かった。発表の際は本文の構成や論の展開が可視化できるような配置を心掛けることを指示した。

個人の読みを大事にすること

　上述のように、話し合いのルールとして、それぞれの分析をまずは肯定的に受け入れることを提示した。これは「安心・安全の場」という大原則を担保するためのものであるとともに、個人の分析に拘泥しない環境作りのためでもある。手順は、⑴文法上の誤りがないかの確認、⑵分析した付箋を検討、とした。この作業によって、正しい知識に基づく読みの重要性に改めて気付かせ、自分の読み違いの背景を明確にすることで意見の相違を受け入れる下地ができ、スムーズな議論が展開された。この二段階での現代語訳を比べてみると、明らかにグループで取り組んだ後の方が、誤訳の訂正はもとより、言い回し、語彙の選択といった点でブラッシュアップされていた。

教師と生徒の事前準備について

　すでに触れたとおり、この単元に関しては生徒にはあえて事前準備をさせず、初読での取り組みとした。そのため、それぞれの基礎知識（句法や語彙）の定着度の差が浮き彫りになるという効果もあった。発表までの流れは、別の単元（現代文・評論）で、KP法を体験しており、ある程度は理解できていた。

　教師の準備としては、この単元がKPシートを作るのに適当な内容か、本文をどう分割するか、何枚のシートで何分の発表にするのが適切かを十分に検討することである。そのためにも事前のシート作成は不可欠であろう。その際、模範解答ではなく、生徒の習熟度に応じたシート作成を心掛けた。シートの枚数は入れたい情報を９割程度含むことができる、少し厳しい条件に設定し、取捨選択の議論が活発になるように仕掛けた。議論の時間も同様に、必要と思われる時間より、若干短めに設定した。実施クラスは、厳しい条件を設定すると思考が活性化する生徒が多かったので、あえてこのような状況を作った。

KP法導入の経緯と教師・生徒の変化

　KP法は、平素はあまり意識しない（特に母語の運用については顕著であろう）思考のプロセスを可視化するのに、非常に適した方法である。説明をしながらシートを最適なタイミングで提示することや、並べたシートが残ることによって、本文の構成を視覚的に捉えられる点でも最適な方法である。

　指導者の変化としては、授業内容の精選が挙げられる。これまでも必要な情報は吟味してきたつもりであったが、KP法を用いるようになり、生徒と同じように取捨選択をより意識するようになった。ま

ジグソーグループで担当部分を発表

た、説明も最小限に抑え、生徒のグループワークに割く時間を確保できた。効果の客観的な分析は今後継続して実施しながら考察したい。

　生徒の変化として最も大きな点は、自己評価シートの「調べてみたいこと・疑問点が出てきた」の項目が、最初にKP法を取り入れた時よりも40ポイント上昇（42％→82％）したことである。KP法の取り組みが、生徒に課題発見の意識を高め、単なる文章読解以上の効果をもたらしたと言える。一方で、以下のような失敗経験もある。

フィードバックのための自己評価シート

　まず、単元・設問の難易度設定であるが、これは易しすぎても難しすぎても上手くいかなかった。易しすぎる場合は、意見の多様性が見られず課題感を持たせにくく、逆に難しすぎると共有点が見出せない。素材の難易度と設問の難易度は連動させて設定しなければシートの作成がスムーズにいかない。次に素材の分割がある。ジグソーグループでの発表を5つのパートで行った際に、KPシートを用いてはいても、自分の発表以外で4つの発表を聞くことになり、さすがに冗漫な雰囲気になってしまった。このことから、事前の十分な準備が必要であることを改めて実感できた。

KP法の教科内での共有について

　教科研修において、KP法での授業を実践報告したところ、数名の先生から「生徒が作成したシートが見たい」や「授業の様子を見学したい」

という感想をいただいた。また、まとめ用に作成したKPシートを用いて、同一コースの別のクラスを担当する別の教員が授業を行ったところ、上手くいったという報告をいただいた。このことから、KP法を用いた授業は、汎用性が高いという点も見いだすことができた。特にＰＣで作成したシートは、データとして管理することも他の教師との共有も容易であることから、今後は様々な単元のシートを作成しておくことで、指導の質の平準化がより確実に担保されることが考えられる。

本文の全体像をとらえるため、担当の生徒全員（３名）のKPシートを再提示

各パート毎に、全てのKPシートを黒板に貼りながら、気付きやポイントを共有

入試演習型授業とKP法との相性

氏　名	児浦 良裕 (こうら・よしひろ)	担当教科	数学
学校名	聖学院中学・高等学校	教員歴	2年

教科	数学	科目	数学演習	対象学年	高3	生徒数	20
単元	数学ⅠA　ⅡB、入試演習							
使用教科書	メジアン、スタンダード演習、重要問題集、入試問題集							

▶当該授業の目的と目標
- 大学入試標準レベルの学力へ到達する
  教科書レベル→黄チャート(数研出版『チャート式解法と演習 数学』)レベル→入試基礎レベル→入試標準レベルとレベル設定を4段階に分けている。生徒と教員の間で共通言語を持つことで、授業の目的やアドバイスが明確に伝わる。当授業では入試基礎レベルの演習から始め、最終的には入試標準レベルへ到達させる。
- 大学・社会で必要となる数学的な知識・スキル(統計・論理・文式図の変換・問題解決力など)を身に付けさせる。

▶授業の狙い、キャッチフレーズ
KP法活用により解説時間を短縮、入試問題演習の量を増やすことができた。

▶KP法の使用方法
【教師】・解説の際に使用する。解答解説を段落分けし、段落毎のポイントをKPにしている
　　　　・授業ルールを確認する際にKPを利用する
【生徒】・振り返りコメントを共有する際、ミニKP(付箋サイズ)を利用する

▶KP法を使用することになった理由
・川嶋直さん、皆川雅樹さんによるKP法研修会がきっかけ。
・高3入試問題演習の授業で試しに利用してみたところ、解説時間が大幅に短縮できたため、積極的に導入した。

▶授業の流れ

特に受験対策授業で大切にしていること

　受験対策では、入試基礎〜入試標準レベルの入試問題を数多く扱いたいと考えている。通常の授業枠では予習前提で授業を行っているため解説に時間を割いていたが、12月以降の直前対策演習では実際の試験を想定して入試問題を解かせているため、解説の時間を大幅に短縮する必要があった。そんな時にKP法を知り、通常期も直前期も解説時間を短縮することができ、教え合いや問題を解く時間を確保することができた。

授業実施にあたり３つのルールを設定する

１．指定問題の予習（直前期は行わない）

　事前に指定した問題を予習することをルールとしている。その前提で授業を行っている。予習方法は、10分考えて、わからなかったら解答解説をしっかり読むように指示している。どこでつまずいていたのか、しっかりコメントを書き、答案を全て写す。授業開始直後に予習の出来具合を確認し、ポイントを与える（平常点へ加算）。

２．グループ制の授業

　生徒３〜４人を１グループとしている。グループ毎に教え合いを行い、全員がしっかり理解できている状態を目指す。グループ毎に振り返りノートを持たせ、授業の振り返りコメントをミニKP（75ミリ×75ミリ付箋サイズ）に書いて共有する（写真１、２、３）。また、上記の取り組みに優れたグループには、グループポイントを贈呈する。定期テストごとにグループポイントの高かったグループを表彰する。

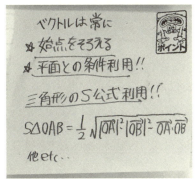 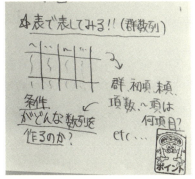

写真１、２　振り返りコメントを共有するためのミニKP（付箋）

3. 解答解説を
十分に活用する

　解答解説を段落毎に分けて、問題解説や振り返りの際に段落毎の理解を確認するようにする。生徒の段落毎の理解度を確認した上で、解説が不要な段落には時間を割かず、解説が必要な段落を重点的に解説する（KP法の活用）。振り返り時にもつまずいた段落とその要因を書かせるようにしている。

写真3　生徒のミニKPを集めて共有する

教室の環境設定について

　グループ毎に席を配置している。状況に応じて、スクール形式にしたり、グループ形式にしたりする。機器はプロジェクタがあるが、関数や立体図形などを視覚的に解説するときに使用する程度である。

教師の事前準備について

　教員（私）の事前準備は、授業プリントを作成することと、解説のための問題演習とKP作成（写真4）である。問題は必ず自分で解いている。以前の授業の生徒の誤答や振り返りコメントを確認しておくこともある。

KP法を活用することによる教師の変化と感想

　KP法を活用することで、解説のポイントを簡潔に整理することができるようになった。また、解答解説の段落毎のポイントをKP法で説明することで、ポイントを明確化でき問題解説に時間をかけすぎないようになった。また、つまずいた生徒の多い段落については、授業で使ったKPをコピーして配布した。以上のことより、授業中の問題を解く時間や教え合いをする時間を増やすことができた。

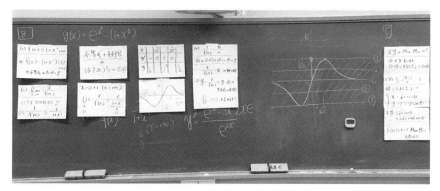

写真4　教師が準備するKP

KP法を活用することによる生徒の変化と感想、成績相関

　解答解説を生徒が自分で段落分けし、段落毎に自分のつまずいたところをチェックできるようになった。したがって、質問や振り返りが具体的になり、次の学習につながる生徒が増えた。また、授業時間内での問題練習量が増えたことで、達成感と満足感を得た。

　成績は大幅には伸びていないが、特にセンター演習では得点があがる実感を持てた。また、授業後にKPを見ながら自主的に教え合いをするようになった(写真5)。

写真5　授業後にKPを見ながら自主的に教え合う生徒

アクティブラーニング型授業とKP法の相性

　KP法を利用することにより、教師側の説明時間が短縮できる。したがって、生徒達の問題演習や教え合いなどの活動時間をつくることができるため、アクティブラーニングとは相性がよいと考える。

授業以外でのKP法の使いどころ

　終礼やHRなど短い時間の中で、生徒達への応援メッセージなどを行う場合に役立った。特に、受験応援メッセージをプレゼンするときに、大変役に立った(写真6)。他にも、夏休み前の過ごし方、2学期冒頭のメッセージ、なども同様に活用できる。

　また、センター試験前日の数学基本総まとめプレゼンをしたときにもKP法を活用した。そのKPをA3・16アップ両面で印刷し、センター試験当日に会場前で生徒に配布。生徒への直前激励プレゼントとして、とても喜んでもらえた(写真7)。

写真6　筆者による受験応援メッセージのプレゼン

今後の課題

　KP法は準備に時間がかかるので、利用している先生たちとシェアができる仕組みをつくりたい。数学の基礎事項を説明する際にもKP法は活用できると思うが、作成するのが大変である。データ化したものを活用できれば、教え合いの時間を確保することにもつながり、授業内容は飛躍的に変わることが期待できる。

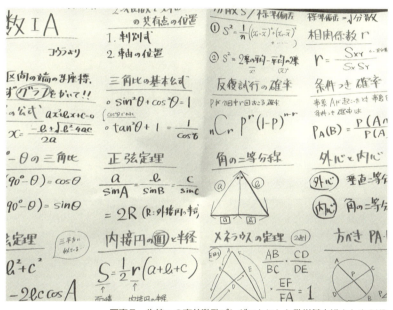

写真7　生徒への直前激励プレゼントにした数学基本総まとめのKP

"協力・承認・思考整理"を大切にした授業におけるKP法の活用

氏名	田中 光一 (たなか・こういち)	担当教科	数学
学校名	鳥取城北高等学校	教員歴	7年

教科	数学	科目	数学Ⅰ、Ⅲ	対象学年	高1・2	生徒数	13〜30
単元	数学Ⅰ「数と式」、数学Ⅲ「式と曲線」						
使用教科書	高等学校 数学Ⅰ、Ⅲ（数研出版）						

▶当該授業の目的と目標
問題を解くことができるだけでなく、なぜそうなるのかを誰かに説明できるようになること。分からないことを質問できるようになること。チームで協力して学ぶこと。

▶授業の狙い、キャッチフレーズ
チームで協力して学ぶ。

▶KP法の使用方法
①教員による説明のツール、②生徒による学んだことのまとめ

▶KP法を使用することになった理由
生徒の自主的な活動時間を確保するため、教員による講義の時間をいかに短縮するかが課題だった。そこで、KP法の①プレゼンテーション技法としての利点、②思考整理法としての利点に注目し実践に至った。これにより、教員による板書時間の削減およびコンパクトな説明をすることが可能となった。さらに、生徒が学んだことをまとめて発表することにより、より深い理解を得ることが期待できると考えられる。

▶授業の流れ

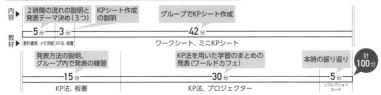

授業の大まかな流れ

パターンA(通常の授業のパターン)

①1グループ5人前後で机を向かい合わせにしておく。授業開始時に各自にリフレクションカードを返却する。黒板に貼られているKPシートの「本時の内容目標」をリフレクションカードに記入。同時に、「態度目標」を確認する。(5分)

②KP法で内容のレクチャーを行う。生徒は板書をノートに取ることはせず、レクチャーに集中する。例題の解答解説や図については、KPシートではなく、教科書データをプロジェクターに投影する。(15分)

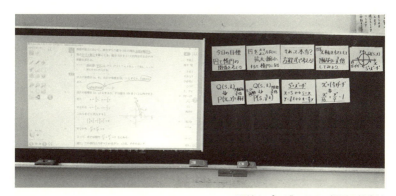

KP法とプロジェクター投影の組合せ

③「今日、私は○○を頑張ります!」という目標宣言をグループ内で1人ずつ行う。

④演習プリントを配る。グループで生徒同士によるピア・ラーニング。他のグループに聞きに行くことも自由とする。(25分)

⑤リフレクションカードを記入。達成できた目標に○をする。「今日の自分の活動でよかった点」、「次回の授業で挑戦したい活動」、「今日の感想・質問・要望」を記述。回収して終了。(5分)

パターンB(生徒による学習のまとめの発表)

生徒による学習のまとめとして、2コマの授業を使う。

【1コマ目】

①2コマ分の流れを説明し、まとめを行うテーマをチーム毎に複数設定

する。(5分)

②KPシート作成の説明を行う。「ミニKPシート（Ａ４用紙を8等分したもの）」と「KP作成ワークシート（KPシートの作成ルール等を示したもの）」を配る。(3分)

③生徒はチームで協力して発表テーマのまとめをし、KPシートを作成する。授業時間内で完成しない場合は、次回までに完成させておくように指示する。(42分)

【2コマ目】

④発表方法(⑤)の説明を行う。発表開始時間を指示し、それまではチーム内で発表の練習を行う。(15分)

⑤ワールドカフェ形式で発表を行う。机をアイランド型にしておく。各チーム1人だけ島に残り、他のメンバーは好きなところに他チームの発表を聞きに行く。発表を3分、発

まとめたテーマを他のチームに説明する

表者へのフィードバックを1分で行う。残り時間が分かるようにプロジェクターを使用してカウントダウンタイマーを表示しておく。これを1セットとし、セット毎にチーム内で発表者は交代し、次のセットを始める。全員が発表するまで繰り返す。(30分)

⑥2コマ分の振り返りを行う。(5分)

授業実施にあたり設定するルール

【チームで協力をする】

　チーム内で「分からない」と言っている人がいたら教えてあげる。同時に、他の人に教えることが学習効果の高い活動であることを説明したうえで、分からないことを質問することも、チームに貢献することだと

いう認識をクラスで共有する。

【相手に"伝わる"ように工夫する】

　パターンAの演習中に友だちから質問されて教えるときや、パターンBの発表をするときは、単に答えただけや発表しただけで終わるのではなく、相手に"伝わる"ように工夫することをルールとして設定する。そうすることで、より内容を深く理解しようとするとともに、授業がコミュニケーションの練習の場ともなる。

【相手のよいところを見つける】

　パターンBの発表後のフィードバックでは、「発表者のよかったところを徹底的に、具体的に褒める」というルールを設ける。これは、目の前のことから1つでも多くのことを学ぼうとする態度、他者を認めて「共生」する態度を身につけさせるためである。また、発表者は自分のよかった点を客観的に言ってもらうことで気づきを得るだけでなく、次の学習へのモチベーションを高められることも期待できる。

KP法を活用することによる教員の変化と感想

　1枚のKPシートに載せられる情報量には限界があり、情報を精選する必要性が生じる。これが非常に良い方向に働いた。無駄な情報が削ぎ落とされることにより、説明をする側の思考もクリアになったことが大きな収穫であった。必然的に説明が簡潔になり、講義時間の短縮化を図ることができた。

　そして、KP法が持つ思考整理法の側面にとても注目している。KP法を使用することで、今必要な情報は何か、今の目的は何か、という発想で物事を考えるようになった。例えば数学の授業では、長い数式や記述解答の例を示すときなど、KPシートで表現するには難しい場面がある。しかし、目的は何か、という発想で考えられるので、KP法に固執することなく、プロジェクターとの併用という方法にすぐに行き着いた。ICT機器のメリットと、KP法のメリットを両方活かせばよいのである。ICT機器もKP法も、使用することが目的ではないはずである。KP法であろうと何であろうと、必要な場面で、効果的な使い方で使用することが一番大事であると感じることができた。

KP法を活用することによる生徒の変化と感想

「自分が発表するときは30秒くらい余ってしまったけど、聞いている人が反応してくれながら聞いてくれたので、とてもやりやすかったし楽しかったです。だんだん人の良いところなども見つけられました。」

この文章は、パターンBの発表を終えた後のある生徒の感想である。この生徒は人前で話すことに対してとても苦手意識を持っていた生徒である。チームで協力してKPシートをまとめて、自分の力で工夫して発表したことにより、その表情から自信が溢れていたことがとても印象的であった。

これ以外にも、「自分でKPシートを作るとき、相手にどう伝えたらいいのか考えながらすることで、大事なポイントがよりたくさん分かりました。」という感想もあり、人に説明するという行為によって思考の整理が行われたと言える。KP法の利点である思考整理法としての側面を、生徒自身も実際に経験して感じることができた。

他の授業、教員の反応、KP法の広がりなど波及効果

職員室で私がKPシートを作成している様子を他教科の教員が見て興味を持ち、KP法についての説明を行ったところ、早速授業で実践した。それをきっかけに興味を持つ教員が数名出てきた。そこで、アクティブラーニングに関する校内研修会で教員にKP法を紹介し、川嶋直氏の動画を見せたところ、各教科で実践する教員が次々と現れた。

本校においてもアクティブラーニング型授業を実践するにあたり、教員による講義時間を減らすためICT機器を利用する教員がいるが、本校は全教室にプロジェクター等が備わっているわけではない。ICT機器を使わずに板書時間を減らし、かつ、生徒に伝わる説明方法を探していた教員が本校には多くいた。そのこともKP法が広がった理由のひとつだろう。そして実際にKP法を実践した教員は継続してKP法を授業で使用している。さらにその教員の多くは、生徒にもKP法をさせている。このことから、KP法とアクティブラーニング型授業との相性の良さをうかがうことができる。

"協力・承認・思考整理"を大切にした授業におけるKP法の活用

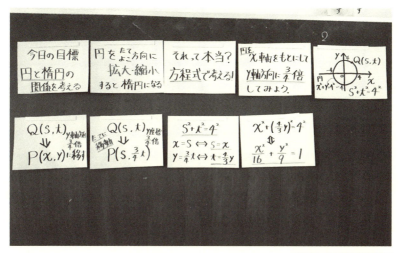

教員による説明用のKP

生徒による発表用KP

ミニKPを用いた「読む」ことでインプット・「話す」ことでアウトプットする数学の授業実践

氏 名	渡部 皓平 (わたなべ・こうへい)	担当教科	数学
学校名	専修大学附属高等学校	教員歴	4年目

教科	数学	科目	数学Ⅱ	対象学年	高2	生徒数	41
単元	接線の方程式						
使用教科書	数学Ⅱ(啓林館)						

▶当該授業の目的と目標

ミニKPを作成することによって「思考の整理整頓」をし、問題を解くための仕組みや流れを理解する。さらに作成後はペアで発表を行い、「話す」ことによるアウトプットを行い、相手に自分の考えを伝える力を養う。また、最後に振り返りを行い、「書く」ことでもアウトプットができるかを確認する。

▶授業の狙い、キャッチフレーズ

アクティブラーナーになろう！

▶KP法の使用方法

生徒がミニKPを作成することによる「思考の整理整頓」と、作成後にペアで発表することによる「言語活動」。

▶KP法を使用することになった理由

「読む」ことでのインプットが苦手な生徒が増えてきたと感じていたとき、KP法と出会った。KPを作成することによって「思考の整理整頓」ができる点から、これを数学の授業で利用することができないかと考え、「読む」ことによるインプットと「話す」ことによるアウトプットに焦点を当て、今回の授業実践に至った。

▶授業の流れ

内容	本日の活動の説明	例題を「読む」ことでのインプット	ミニKPの作成	ペアによるミニKP発表による言語活動	振り返りシート	計50分
	5分	15分	10分	5分	15分	
教材	KP法	教科書	ミニKP	ミニKP	プリント	

授業で大事にしていること

　今後、大きく変わっていく社会を力強く生き、その中で中心となって活躍することができる、日本の発展に貢献することができる「人財」の育成を目的としている。そして、数学という教科は「考える」ことをさせるには最適な教科であり、「今ある知識を活用する力（考える力）」、「思考を整理する力」、「自分の考えを相手に伝える力」を養うことを目標としている。

　また、数学は「自然界を知るための言語」であり、「道具」であることを念頭におき、生徒のインプットの方法は「見て、聴く」と「読む」の2種類をバランスよく養えるように心掛け、アウトプットの方法を「書く」と「話す」を用いて行うことを大切にしている。特に今回の授業実践はKP法を用いることで、「読む」ことによるインプットと「話す」ことによるアウトプットを重視した教科指導を行うことができた。

授業を実施するにあたり設定するルール

　年間を通して授業が安全・安心な場であり、生徒にとって有意義なものになるように、最初の授業では1時間使って、守ってもらうルールを下記のように明確化し、話をすることにしている。

目標：アクティブラーナーになろう！
そのためのルール：
① 演習の時間は手と頭を動かす。
② 自分の考えを伝える。話に耳を傾ける。
③ 互いに教え合い、疑問はグループで共有する。

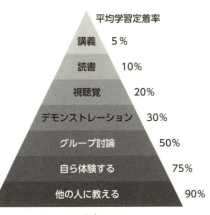

ラーニングピラミッド
出典：The Learning Pyramid. アメリカ National Training Laboratories

　授業スタイルは一般的な数学の授業と変わらないが、問題の演習では基本的に4〜5人での協同学習を行っている。数学では「積み直し」が大切

であることから、演習の時間では手と頭を動かし続けること、協同学習中に「傾聴姿勢」を崩さないこと、また、主体性が必要な活動になるほど学習定着率が高くなることを表した図である「ラーニング・ピラミッド」を示し、人に自分の考えを伝え、教えることの重要さを知ってもらう。さらに、授業の最後に必ず「振り返り」を行い、授業内で自分が学んだことをメタ認知する。これを年間で通して行い、1人で数学と向き合い、考え、学ぶことができる人になる（アクティブラーナーになる）ことを目標としている。

実践した授業の大まかな流れ（タイムテーブル）

まず、この時間での活動の流れについてKP法を用いて簡単に説明し、その後、生徒は4〜5人のグループを作り、活動に取り組む。

生徒たちは教科書の例題を「読む」ことでインプットをし、問題を解くための「仕組み」や「流れ」を理解する。その後、理解したことを整理するために、あらかじめ配っておいた白紙（サイズはA4用紙を8等分したもの）にミニKPを作成する。作成後はペアを作り、発表を行い、「話す」ことでアウトプットをする。

最後に、席を元に戻し、振り返りを行う。自分がこの授業でわかったことや、実際に問題を解いて「書く」ことでアウトプットができたかを確認する。

KP法を活用するに至った経緯

近年、「読む」ことによるインプットが苦手な生徒が増えたように感じるようになり、数学で「読む」ことを重視した授業ができないかと考えていた。その時、当時、本校の教員であった皆川雅樹がKP法を用いた日本史の授業を実践しており、これを数学で応用することはできないかと考えたことが最初のきっかけである。

成功体験、失敗体験

「読む」ことによるインプットを授業内で重視するために、私がKP法を用いて最初に行った授業は、問題を解くための「仕組み」や「流れ」のみをKP法で説明し、その後、生徒はその流れを頼りに教科書の例題を

ミニKPを用いた「読む」ことでインプット・「話す」ことでアウトプットする数学の授業実践

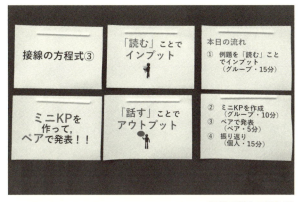

授業の導入で使うKP

「読み」、問いの解答を作るというものだった。授業のねらいは良く、生徒の取り組みも順調だったが、生徒たちが授業時間内でインプットしたことを授業内で整理し、「書く」ことによるアウトプットをすることが困難であった。

そんな時、KP法実践講座に参加をし、ミニKPを用いた「思考の整理整頓」と出会った。必要な情報を書き出し、プレゼンするために思考の整理をしながらミニKPを並べていく様は、必要な情報を自分から引き出し、順序を立てて、解答を作っていく数学と一致しているように思えると参加者の方と話題になり、これを数学の授業に取り入れることはできないかと考えた。さらに、ミニKPを作成した後にペアで発表し、「話す」ことでアウトプットしたほうが、「書く」ことによるアウトプットに比べて、生徒は抵抗感が少なくなるのではないかと考えた。

実際に授業で実践してみると、ミニKPを作成することによる「思考の整理整頓」は非常に効

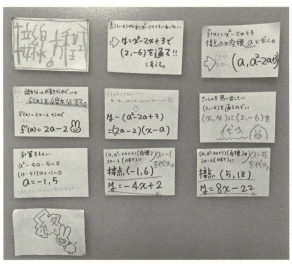

生徒が実際に作ったミニKP（Ａ４用紙８等分のサイズ）

果的で、普段、計算力がなく解答まで辿り着くことができない生徒も、時間内で答えまでの「過程」をしっかりと考え、発表することができた。また、ミニKPを用いた発表は実際に話して言葉にすることによって、自分自身が理解できていないことを把握することができ、また、互いに教え合うことにより、時間が経っても記憶に残る割合が増える効果もあった。

アクティブラーニング型授業とKP法の相性

　KP法が良い点の1つとして、コンパクトでわかりやすい説明ができることが挙げられる。アクティブラーニング型授業では、生徒が活動する時間がメインであり、教員はその時間確保のためにいかにコンパクトで質の良い話ができるかが重要である。その点で、アクティブラーニング型授業とKP法の相性は良いと思う。まず、KPを作ることで話し手自身も思考の整理がされ、要点がまとまった話ができる。そして、もちろん授業中もKPを使うことで、コンパクトで視覚的にもわかりやすく、質の良い話をすることができる。さらに、授業の最後(特に振り返りの時間)まで黒板にすべて貼って残しておくこともでき、これはスライドとは異なった良い点である。

　実際、私も現在は反転授業＋KP法の実践を行っている。最初にKP法を使ってコンパクトに授業内容の確認を行うことで、授業に「ライブ感」が生まれ、動画の内容の確認や授業内でやるべきことを全体で共有することができる。

　また、KP法の良さは生徒でも簡単に作ることができるところにもある。

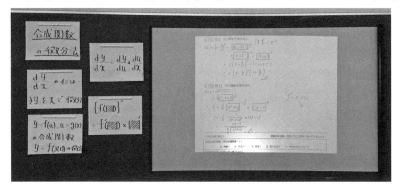

実際の授業でのKP

本校では「数学合宿」という勉強合宿が8月下旬に行われており、私はその場でもKP法を使っている。

　数学合宿での生徒の目標は「数学の先生になること」としており、その日に行う授業はすべて、私が教えるのではなく、生徒たちがKP法を用いて、発表し、授業をすることになっている。授業で扱うものは今まで習ったことの復習もあれば、次学期からの予習の内容も入っており、「発表するための準備をすることや実際に話して授業を行うことで、合宿が終わってからも頭の中に残った！」と生徒からも評判が良い。また、授業内で発表してもらったKPは教室内の壁にすべて貼っていき、数学合宿中に自分たちが勉強した内容がひと目でわかるようにし、達成感を得られるようにしている。

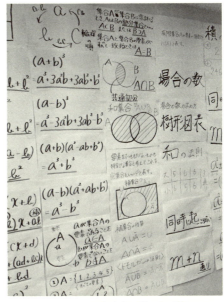

数学合宿中に壁一面に貼られたKP

今後の課題

　従来の数学の授業展開は、こちらが説明したことを「見て、聴く」ことによりインプットし、問題を解き「書く」ことでアウトプットすることが一般的であった。しかし、今回のようにKP法を用いることで、「読む」と「話す」の2つの力を養えることがわかった。また、KP法のような「思考の整理整頓」の方法の習得や、相手に自分の伝えたいことを「話す」力を養うことは今後の社会において必要なことであり、継続的な練習が重要であると考えている。そのため、年間を通してこの実践をどれだけバランスよく取り入れ、継続的に行うことができるかを試行錯誤中である。

チームで学ぶ
物理におけるKP法の活用

氏名	田中 将省 (たなか・まさみ)	担当教科	理科
学校名	鳥取城北高等学校	教員歴	9年

教科	理科	科目	物理基礎	対象学年	高1	生徒数	30
単元	全単元						
使用教科書	物理基礎(数研出版)						

▶当該授業の目的と目標
知識の習得に留まらず、チームで協力して学び合うことでさらなる主体性の向上と他者と協働するために必要な汎用的な能力の育成を目指す。
単元の終わりには生徒一人ひとりが「まとめKP」を作成しグループ内で発表することで知識の整理と定着を促す。振り返りではお互いに褒め合う仕組みにより次の学びへの原動力を生み出す。

▶授業の狙い、キャッチフレーズ
科学者＝主体的学習者！知りたいを育てる学び合い

▶KP法の使用方法
本時の目標と講義内容の提示、生徒による発表のための準備および発表の手段。

▶KP法を使用することになった理由
プロジェクターやスクリーンが無い環境でも板書を省略してコンパクトに講義をしたい、短時間で生徒自身に発表とそのための資料作りをさせたい、この2点を可能にする手法としてKP法を研修で学び授業に導入した。

▶授業の流れ

授業の大まかな流れ
パターンA（通常の授業）
　本時の目標と学習内容について教師がKP法やパワーポイントを活用してコンパクトに説明する（15分）。問題演習では生徒が3～6名程度のグループで協力し合いながら問題を解く（25分）。グループ内で解決できない場合は出歩いて他のグループのところに行ってもよい。終わりに確認テストと本時の振り返りを行う（10分）。確認テストはグループ内で相互採点を行い授業の終わりに提出させている。

パターンB-1（まとめKP準備）
　本時の目標とKPシート作成に関する役割分担等についてKP法で説明する（5分）。分担表作成では生徒が「まとめKPワークシート」を活用して小単元の役割分担を決める（10分）。KPシート作成では「絵コンテシート」を活用して発表の構成を考えながらKPシートの作成を進める（30分）。最後に教師が本時のまとめに関する説明を行う（5分）。

パターンB-2（まとめKP発表会）
　本時の目標と発表の仕方等について説明する（5分）。まとめKP発表会では各グループ内で一人ずつ発表を行う（35分）。一人あたり3分以内の発表の後2分以内で質問や気づいた点を「まとめKPワークシート」に記入する（発表者一人につき合計5分以内）。終わりに本時の振り返りを行うとともに、発表者の良かった点をポストイットにそれぞれ記入し、「ラブレター」に添付して発表者に手渡す。（10分）

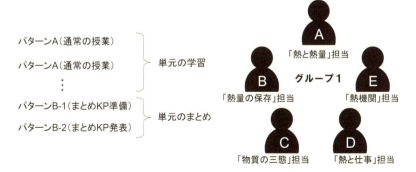

単元全体における授業の構成　　　小単元の役割分担の例

KPを使用する場面の具体的な使いどころ

　教師は、パターンＡ、パターンＢともに、本時の目標の提示や学習内容の講義をKP法やパワーポイントを使って行う。学習内容の講義ではKPシート（Ａ３用紙）を黒板に貼りながら説明を行い、数式の変形等の補足説明は黒板の空いているスペースに板書する。動画やグラフ等の資料は、黒板横に設置したプロジェクターに映して説明する。

　生徒は、パターンＢ-１において自分が担当する小単元の学習内容をKP法でまとめる。パターンＢ-２では、パターンＢ-１で作成したKPシート（Ａ５用紙）を使ってグループ内で１人ずつ発表を行う。グループ内の発表では、自分たちのグループの机の上にKPシートを置きながら説明を行う。

教師の事前準備、生徒の事前準備について

　教師は、パターンＡの準備として、講義用のKPシート、演習プリント、確認テストを事前に作成しておく。KPシートはパワーポイントで作成してカラー印刷することが多い。印刷用紙はＡ３用紙を使っている。基本的な文字は黒色、小題などは青色、重要な語句はピンク色でデザインしている。パターンＢでは、「まとめKPワークシート」、「絵コンテシート」、

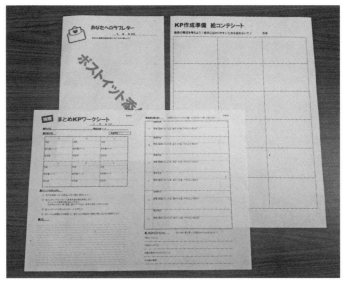

パターンＢで使用するワークシート

「ラブレター」、KPシート作成と振り返りのためにＡ５用紙、水性マーカー、ポストイットを準備しておく。

生徒は、パターンB-1の授業の前にこれまで学習した単元内容を整理しながら復習をしておく。パターンB-2の授業の前は、授業で作りきれなかったKPシートを各自で作成しておく。

授業で大切にしていること

安全安心の場をつくる
グループ活動を活発にするために安全安心の場をつくることを大切にしている。そのために発言が好意的に受け取られる雰囲気づくりや生徒やグループへの指示や質問による介入の仕方にも気を配っている。

時間を管理する
能動的な学習の時間を確保するために、常にコンパクトな説明を心掛けている。授業全体を通して時間を細かく区切ることで、50分間を有効に活用することができる。

他者を意識させる
グループ活動では他者を意識させることを大切にしている。特にKPシートの作成では、自分が持っている情報と相手が持っている情報のギャップに目を向けさせ、相手に伝わりやすい工夫を考えさせている。

また挑戦したいと思わせる
パターンB-2の振り返りでは、生徒に発表者の良かった点を書かせたポストイットを発表者宛の「ラブレター」に添付させている。ポジティブな感想を受け取った発表者が次も挑戦したくなるような振り返りを心掛けている。

ラブレターを作る生徒たち

授業実施にあたり設定するルール

パターンA

この授業形式では主に「時間を守ること」、「しゃべる」、「質問する」「チームで協力する」、「チームに貢献する」、「ときには動く」というルールを設定している。毎回の授業の導入にこの態度目標を提示することでその後の生徒の活動がより主体的になることを実感している。

パターンB

この授業形式では主に「自他ともに尊重する」、「具体例を示す」、「相手のために工夫する」、「具体的にほめる」というルールを設定している。特にKPシートの作成にあたっては具体例を挙げて説明させることを大切にしている。最後の振り返りでは、「ラブレター」に添付するポストイットに発表者の良かったところを具体的に書かせている。

KP法を活用することによる教師の変化と感想

KPシートには多くの情報を盛り込むことができないため、よりシンプルで明確な表現を心掛けて情報を整理する術が身についたと感じている。

KP法を活用することで、話し手は思考の整理が進み、聞き手はプレゼンテーションの全体像が捉えやすくなる。しかも、KP法は黒板やホワイトボードがあればどこでも使える。KP法、パワーポイント、板書、それぞれのメリットを生かしてうまく使い分けていきたいと考えている。

KP法を活用することによる生徒の変化と感想

KPシートの作成では、まとめ方やデザインだけでなく、KPシート同士の配置にもこだわりが見られるようになった。現在ではKPシートを裏返して使ったり、KPシートに動きのあ

KPシート（Ａ５用紙）を使って発表する生徒

る仕掛けを施したりする生徒もいる。発表においても、当初は原稿を見ながらのたどたどしい発表であったが、現在ではジェスチャーを交え、途中に質問やクイズを挟むなど聞き手を巻き込むための工夫が見られる。

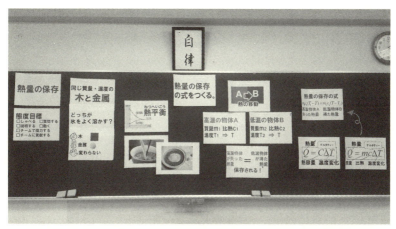

パターンAの講義用KPシート

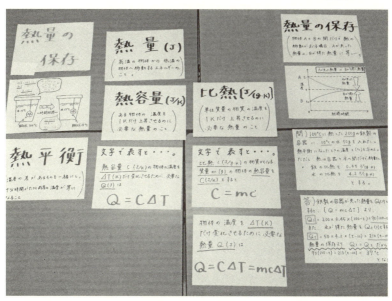

生徒がはじめて作ったKPシート（B6サイズ）

思考を整える
KP法の使い方

氏　名	木村　剛 (きむら・ごう)	担当教科	理科
学校名	神奈川県立横浜清陵総合高等学校	教員歴	17年

教科	理科	科目	生物基礎	対象学年	高2	生徒数	22（必修選択）
単元	生物の体内環境の維持						
使用教科書	生物基礎（啓林館）						

▶当該授業の目的と目標
①与えられた課題（体液性免疫or細胞性免疫）について協力して調べ、発表すること。
②他チームの発表を聞いて課題の理解を深めること。

▶授業の狙い、キャッチフレーズ
体液性免疫・細胞性免疫を説明できるようになる。

▶ＫＰ法の使用方法
グループ作業の成果発表法として。

▶ＫＰ法を使用することになった理由
以前は紙芝居方式で画用紙に絵を描くという発表形式で実施していた。自分がKP法を使って説明をするようになり、その良さを実感し生徒の発表にも使ってみることにした。

▶授業の流れ

KP法を使用する場面の具体的な使いどころ

川嶋先生の著書にある3つの分類の中では、①「プレゼンテーションの方法として」、③「グループ作業の成果発表法として」の2つ。毎回の授業の導入にKP法を使用している。教科の特性なのか、私は、2つ、3つ程度のキーワードを大きく記入したシートを使うことが多い。また、チョークで矢印を板書してつながりを表現することが多い。

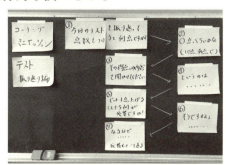

板書との併用＠テスト振り返り編

KP法を活用するに至った経緯及び利点

現在、アクティブラーニング型授業に取り組んでいる。アクティブラーニング型授業を展開する中で、生徒の活動時間の確保のために説明時間を短縮するのが一つの課題だった。その解決策として、毎回の授業の導入時にKP法の活用を始めた。単純に板書する時間がなくなることで短縮化できると思っている。また、実際、使い始めてみると時間短縮以外のメリットが2点見えてきた。

1つは、内容及び言葉の厳選をするようになったこと。私はA4に手書きというスタイルで行っているが、黒板ならばすべて板書していたところを、限られた文字情報で内容を伝えるために内容及び言葉を厳選するようになった。私の場合、文字が大きいので、パソコンでのプリントアウトよりも文字数が限られる。

もう1つは、より有効な授業展開について深く考えるようになったこと。川嶋先生が本にも書かれているように、思考整理ができる。要するに授業の目的は何なのか？　これで理解できるのか？　何を考えてほしいのか？　シートを作成しながら、並び替えを繰り返す事によって、授業展開についての様々な可能性を探るようになった。実はこれが一番の収穫である。

KP法は、川嶋先生の『KP法　シンプルに伝える紙芝居プレゼンテーシ

ョン』と川嶋先生が登壇された2014年の朝日環境フォーラムで主に学んだ。また、専修大学附属高校地歴科の皆川先生(当時)、杉山先生の実践も参考にさせていただいた。

授業の大まかな流れ
通常の授業(50分間)
① 導入(10〜15分)　本日の主題・目的の提示
　　基本的な事項をKP法と板書を併用して説明。
② 展開(25分〜30分)授業プリントへの取り組み
　　語句の穴埋め及び問いへの取り組み。4人組みのグループを設定してあり、そのグループワーク。
③ 振り返り(10分)リフレクションシートへの記入・提出

実践例(50分×4コマ)
「免疫」〜第3次防衛ラインについてKP法で説明してみよう〜

時	学習内容	学習形態
1コマ目	病原体の侵入を防ぐ仕組みを理解する。	通常の授業展開
2コマ目	体液性免疫チームと細胞性免疫チームに分かれKPシート作成	グループワーク
3コマ目		
4コマ目	各チームのKP法による発表と振り返り	

・1コマ目(免疫の仕組みを理解する)
　免疫の仕組みが以下の3段階あることを理解する。
　　第1次防衛ライン　非特異的免疫その1　力学的
　　第2次防衛ライン　非特異的免疫その2　食作用など
　　第3次防衛ライン　特異的免疫　体液性・細胞液免疫
　登場人物(抗原・マクロファージ・樹状細胞・リンパ球・B細胞・T細胞・抗体など)の確認。

・2、3コマ目(シート作成)
　4人組のグループでKPシートの作成及び発表準備。シート作成には教科書・資料集以外にスマホの利用も認めている。

・4コマ目(発表)
　各グループの発表を聞く。および振り返りシートの記入。

思考を整えるKP法の使い方

A4（6マス×3行）の絵コンテからKPシート作成中

KPシートの編集中

イラストで構成されたKPシート

内容について議論中

授業以外でのKP法の使いどころ

　先日、教職員向け講習会での野外炊事のレクチャーなどで使用した。
　野外炊事場にはホワイトボードなどがなかったので、ステンレステーブルを流し台に載せてKPシートを貼った。本来の使い方(？)である野外活動で本領発揮だった。宿泊行事などで手順の確認やルール説明など、使うところは教室だけではないと再確認した。
　写真は、野外炊事の注意事項の説明とカレーの作り方の手順確認の様子。

基礎から学ぶ野外炊事＠教職員向け講習会(愛川ふれあいの村)

今後の課題

　KPシートは文字情報が限られるので、不足する情報や図などを入れたプリントとの関連性を深めていくことが課題である。
　また、KPシートの保管や整理が思いのほか大変である。授業毎にシートが増えるのと、手軽に書き換えができるため修正を加えて新たに作り直すので最新版がどれか分からなくなることがある。

理科授業における
ＫＰ法の活用とその実態

氏　名	橋本　広大 (はしもと・こうだい)	担当教科	理科
学校名	専修大学附属高等学校	教員歴	9年

教科	理科	科目	生物基礎	対象学年	高2	生徒数	42
単元	生物の特徴（第一部）						
使用教科書	新編　生物基礎（啓林館）						

▶当該授業の目的と目標

理科を学ぶ上で「なぜ？」は欠かすことのできない言葉である。この「なぜ？」を少しでも高度なレベルで意識できる状態を目指し、生物の最も基本的な内容を用いて身近ななぜ？に気付いていく訓練を行う。その中で新たな発見を体験し生物に興味を持たせる。

また、当たり前になっている身近なものや現象に対して、自ら新たな視点を持てるように、また幅広い発想を持てるよう共同学習を行って知識・考え方の共有を行う。

▶授業の狙い、キャッチフレーズ

「学び上手は教え上手！」　PDCAを意識した学びに取り組む。

▶ＫＰ法の使用方法

授業導入、知識提示、単元のまとめ・振り返りとしての思考整理方法

▶ＫＰ法を使用することになった理由

授業のアクティブラーニング化を検討する上で授業内の時間配分が問題になっていた。生徒の活動時間確保のためにどのように教員の時間を短縮するかを考えているときにKP法を知った。導入や知識の提示をシンプルに、かつ印象に残る方法で提示でき、教員の時間も短縮できる点から今では授業に欠かせないものとなっている。また、生徒の思考の整理方法としての有用性を感じ、生徒自身による作成・発表も行っている。

▶授業の流れ

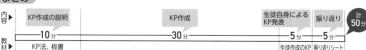

本授業で大事にしていること

　AL（アクティブラーニング）型授業実施にあたり、本授業では「教え上手になろう」という目標を定めている。この目標は「内容を理解している⇒教えることができる」の逆を考えてみようという点から設定するに至った。目標達成にむけて大事にしていることは「とにかく声に出して説明してみる」ということである。そのため、内容の質は生徒の活動時間（教え合い）の中ではあまり問わない。内容の質や細かな正誤に関しては活動時間後の「本日の内容確認」の時間で行い、その時間での教え方や内容について振り返りつつ、質の補足を行っている。

授業実施にあたり設定するルール

　上記にも記載した目標を達成する上で教え合いを行うわけだが、この教え合いの中で教える側の「傾注」、聴く側の「傾聴」をルールとして設けている。このルール設定により、説明する側、聴く側がそれぞれ安心して活動に取り組めるようにしている。また、教員側のルールとして環境の安全（傾注・傾聴）が保たれているかを意識し机間巡視を行い、必要な場合のみ介入を行う。

KP法を使用する場面

教員の使用場面

　本授業では授業の導入時にKP法を取り入れ、本日の内容の要点説明を行っている。また、実験時などは方法説明や考察内容の提示方法としてKP法を用いている。

生徒の使用場面

　生徒は授業のまとめ（各章ごと）に自主KPの作成を行い、これまでの内容の確認を行っている。このとき、まとめということもありKP用紙の枚数を制限し、「4コマKP」として作成を行っている。その作成の中でPDCAを意識させ、より内容を整理したKPを作成することで思考の整理も合わせて行っている。

KP法を活用するに至った経緯

　「授業をより有意義なものにしたい」ということを常々考えていたが

AL型の授業を取り入れるだけでは「その授業時の内容が十分に定着しないのではないか」という不安な点があった。そこで生徒の印象に残る方法は何かないものかと考えていたところでKP法に出会った。

職場の同僚ですでにKP法を取り入れて授業を行っている人たちが複数おり、その実践成果からもぜひ取り入れてみよう！　という経緯で活用するに至っている。最初は不安な点が多々あったが、日々新たな気づきや発見があり、自分自身の向上にもつながる手法としてKP法を使い続けている。

KP法活用による変化
教員の変化

教員の変化として最も大きなことは授業内容の整理（授業で伝えることの整理）をこれまで以上に行うようになったことである。KP法を取り入れる以前はいわゆる詰め込み型、または一方向性の授業も多くあった。私自身、このスタイルでは教科書の通りに、端から順に、ということを行えばよいと感じていることもあった（もちろんそれだけではないが）。

しかし、理科という発想力を伸ばすことができる貴重な時間に上記のような方法では先述した生徒の力を伸ばすことができないのではないか、と感じるようになった。そこからAL型授業を取り入れ、かつKP法を使うように変化したわけだが作成の過程で「KP法で何を伝えるべきか」ということをとても深く考えるようになった。シンプルに、そして印象に残る方法であるからこそ、教員は何を伝えるべきかをとても考えさせられる。KPシート作成の過程で常々思考の整理を行う機会があるので1回の授業に対する思い入れがこれまで以上に強くなったことを感じている。

生徒の変化

KP法を取り入れた授業を行い始めてからの生徒の変化としてもっとも感じていることは授業に対する集中力である。授業初めに約10分間のKP法による導入を受け、その後ペア・グループワークを行うわけだが、導入時の集中力はこれまでにないほど高いものであるように感じる。これはKP法による説明時の生徒の表情からも伺えるが、授業後の振り返りシート（毎時間実施）の「集中して話が聞けた」という項目は5段階中平均して4.2〜を維持していることからも分析できるものである。導入後のペアワーク等も自然と集中し、協力しながら作業に取り組む姿勢も見るこ

とができるようになった。さらに、KP法で説明する内容に関しては記憶に残るようで、理科が苦手な生徒であってもその授業時に最低限押さえて欲しい知識の定着は行えているようである。

参考：毎時間使用する振り返りシート

KP法の活用と生徒の学習姿勢

　KP法を導入してみて、教員側の思考の整理だけでなく生徒の思考の整理（まとめ作業）もKP法で行えるのではないかと考えるようになった。

　そこで単元ごとにその単元の内容をKPシートにまとめるという作業を取り入れ、生徒に単元の復習を行う時間を作っている。その際、PDCAを意識したKP作成を心がけるよう促し「書いて満足」ではないことを確認させている。Cにあたる部分はプレゼンにあたると考え、グループ内で自分が書いたKPシートを使って発表を行う。そこで不十分な点をお互いチェックし合い、完成度の高いKPシートの作成を目指している。

　「このPDCAを意識したKPシート作成が自然とできるようになると試験前の勉強方法として役に立つのではないか？」と生徒に提案したところ、「ぜひやってみたい」、「他教科の勉強法としても取り入れてみたい」といった意見が数多く出てきた。また、作成作業に対する生徒の感想としては「楽しかった」、「良い復習の時間になった」、「難しかったけどとても集中できた」といった声が上がってきている。

KP法導入による成功体験と失敗体験

成功体験

　成功体験に関してはこれまでも何度か述べているように生徒の姿勢の変化を感じているという点である。KP法で説明しているときの生徒の表情はまさに傾聴の状態になっているように見える。それだけでなく説明後のアクティブな時間もただ単にアクティブにした時よりも積極性も出ている。

失敗体験

　失敗体験として感じているのはKPシートの構成やその内容に関することである。過剰な説明も生徒の思考の妨げになるが、説明が少なすぎることも生徒の思考を止めてしまう。「分からない」の1つでKP法によって作り上げた集中する姿勢を壊してしまうこともあるかもしれない。そのため生徒のレベル・様子を把握し、適切なレベルのKPシートを作成した上でプレゼンを行うことは常々課題として意識している。

　以前KP法による説明と取り組む課題のレベルに差がありすぎたため、生徒の混乱を招いてしまったことがある。そのときは課題の難易度を下げるといった応急処置を行ったが、生徒の積極性を生かしきれなかったと感じている。

　KP法は生徒の集中力を生むためには最適な手段であると感じる一方で、その内容次第で場の環境を変えてしまいかねない大きな力を持つ手段だとも感じている。

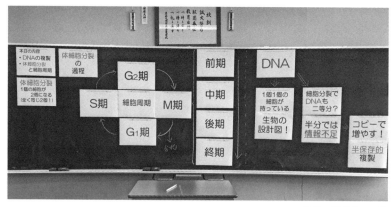

授業で使用するKP法

今後の課題

　現在、本授業内では生徒はまとめとしてKPシートを作成しているわけだが、これをもっと有効活用させる手段等も検討したいと考えている。また、自分自身で作成するKPシートもまだまだ改善の余地があると感じているので、より上達するためのスキルアップを目指していきたい。このように生徒だけでなく教員にも積極性を持たせてくれるKP法に私は感謝している。今後もKP法を利用して、生徒だけではなく私自身も成長していきたい。

生徒が作成した4コマKP

生徒に「もれなくダブりなく」思考することを促すKP法の活用

氏名	福泉 亮 (ふくいずみ・あきら)	担当教科	理科
学校名	福岡県立小倉高等学校	教員歴	35年

教科	理科	科目	生物	対象学年	高3	生徒数	36
単元	生物の系統						
使用教科書	生物（数研出版）						

▶当該授業の目的と目標

「33種類の生物を分類する」という課題解決を通して、人類が生物をグループ分けしてきた過程を実感し、生物の中心テーマである「進化」への導入とする。それぞれの班の学びをジグソーパズルのように組み合わせることで1つの「分類」の体系が見えてくる知的興奮を味わう。

▶授業の狙い、キャッチフレーズ

コンテンツとプレゼンの深化－構造の「見える化」と教師・生徒の質問力

▶KP法の使用方法

単元の導入とまとめのため（教師）と協働学習の発表のため（生徒）。

▶KP法を使用することになった理由

川嶋直氏のKP法講座を受講し、HR（キャリア教育）で生徒に活用してみたところ、授業中の発表で生徒が自発的に活用し始めたため、生徒同士の協働学習の有効なツールであると確信し、日常的に使用し始めた。

▶授業の流れ

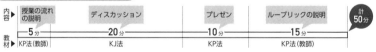

全6時間の授業の大まかな流れ

1時間目：生物の分類・授業の流れの説明・テーマ分け

分類のキーになる33種類の生物名を書いた紙を黒板にマグネットで貼る。36名を4名×9班に分ける。各班で生物名を付箋に書き、A3の白紙にグループ分けさせる。グループのアイスブレーキングと「分類」に対する興味関心を高めることを目的とする。

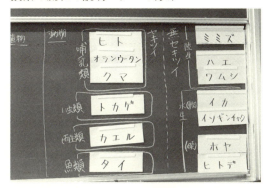

33種類の生物の分類（授業前）

6時間の授業の流れを説明し、実習中に自ら育てる力をルーブリックで提示する。

教科書の内容を9つに分け、各班に割り振る。

2時間目：テーマの内容の理解と構造化

授業の前半は、個人で教科書の内容を理解する。後半は、班ごとにその内容を構造化し、4名の担当するパーツに分解する。作成するKPが「もれなくダブりなく」作られるためには、内容の構造化が重要である。

3時間目：KP作成

各自の使用するKPの枚数・内容をグループで決定した後、それぞれが担当のKPの下書きを作成する。グループで、「もれなくダブりなく作られているか」「わかりやすいか」などをディスカッションした後、各自KPを作成する。

4・5時間目：プレゼン大会

4名1班を2名ずつA班・B班に分ける。4時間目はA班がプレゼンを行い、B班は他の8班のプレゼンを5分ずつ聴いて回る。5時間目はA班・B班を交代する。

KPは各班の机上で行う。1枚ずつ説明し、説明したKPを机上に並べていく。

6時間目：生物の分類・リフレクション
　1時間目の最初に行った33種類の生物を分類する実習を再度行う。学習できたことできなかったことを目に見える形にしてリフレクションのきっかけとする。
　グループディスカッションの後、ルーブリックにそって各自がリフレクションシートを記入する。

KPプレゼン

授業実施にあたり留意している３点
成功の鍵は、教師と生徒の質問力
　KP作成中に各班を回ると、さまざまな質問を生徒が投げかけてくる。またKPの内容が間違っていたり、焦点化しているポイントがずれていたり、「もれなくダブりなく」になっていなかったりする。そこで、ついつい結論を口に出してしまいそうになるが、生徒が自ら気づきKPの内容を深化させるために、適切な質問を投げかけるように留意している。
　また教師と同様に生徒も「教え・教えられる関係」が習慣化している。KPに際して、話し手も聴き手も適切な質問をするように生徒に指導する。特に「活発なディスカッションになるかどうかは、話し手ではなく、聴き手の責任」として、質問することを意識して聴くように指導している。

論理を「見える化」する
　生徒の傾向として、わかりやすくイラストにまとめたり、ユーモアを交えて話したり、とプレゼンする力はあるが、その内容については、わかりやすくするために単純化されていたり、プロセスが飛ばされていた

り、もれがあったりと論理的でないことが多い。

　KPを活用する一番のポイントは、「論理を見える化できる」ことである。そのためにはKPにする前に、内容をきちんと構造化できていることが不可欠である。そのような意味で、2時間目の「テーマの内容の理解と構造化」にこのプログラムの成否がかかっているといえる。

ディスカッション

授業目標の焦点化

　グループで話し合い、KPをまとめ、プレゼンをし、そして聴くというこのプログラムは、生徒一人ひとりが自分の到達目標を明確にしていなければ、ただわいわいと紙芝居を作って、楽しくおしゃべりをして終わってしまう。

KP作成

「グループの活性化への貢献」「ディスカッションの深化」など1時間目にルーブリックを明確にすることで、生徒一人ひとりが到達目標を明確にできるよう留意している。

生徒のリフレクションから見えた課題
学びを深化できたか

　36名のリフレクションシートを集計すると、「コンテンツのレベルを高める話し合いになった」という問いに「はい」は43％であった。

　「深いディスカッションができた」という問いに「はい」は、話し手11％、

聴き手31％であった。

リフレクションシートの自由記述には、「KP作成もプレゼンも、もう少し時間が欲しかった」と複数の回答があった。

従来の授業は効率よく知識を伝達することを目的としていたため、「いかに短時間で」ということを重視してきたが、KP法の活用においても、学習を深化させるためには、アクティブである時間を十分に確保することが重要である。

1	グループでの話し合い	
	①話し合いに参加できたか？	・・・100％
	②話し合いへの参加を促すなど、グループの活性化に貢献できたか？	・・・60％
	③コンテンツのレベルを高める話し合いになったか？	・・・43％
	④KPのレベルを高める話し合いになったか？	・・・60％
2	KPの完成度	
	①教科書の内容はまとめられたか？	・・・97％
	②教科書プラスアルファの内容になったか？	・・・37％
	③図、挿絵、グラフなどわかりやすいKPを工夫できたか？	・・・94％
	④「もれなく・ダブりなく」内容を構成できたか？	・・・37％
3	プレゼンのでき	
	①コンテンツはしっかり伝わったか？	・・・83％
	②笑顔やアイコンタクトなどで柔らかい対話ができたか？	・・・77％
	③質問などで聴き手を活性化できたか？	・・・31％
	④深いディスカッションができたか？	・・・11％
4	聴き方	
	①コンテンツは理解できたか？	・・・97％
	②笑顔やアイコンタクトなどで柔らかい対話ができたか？	・・・80％
	③質問などで聴き手を活性化できたか？	・・・52％
	④深いディスカッションができたか？	・・・31％
5	「分類」の理解	
	①「分類」について興味・関心はできたか？	・・・97％
	②「分類」の全体像は把握できたか？	・・・80％
	③教科書レベルの内容は理解できたか？	・・・63％
	④これから自習することで試験に対応できるか？	・・・37％

リフレクションシート

論理を「見える化」できたか

「もれなく・ダブりなく内容を構成できたか？」という問いに、「はい」は37％であり、十分に論理を「見える化」できたとはいえなかった。

自由記述では、「9班のテーマの中で、自分の班の位置づけがわからずとまどった」「他の8班を回るときに、お互いの関係がわからなかった」という回答が複数あった。

ジグソーパズルをはめていくように、すべての班のプレゼンを聴いたときに、初めて全体像がつかめるという授業展開を意図していたが、生徒にとっては、プレゼン内容の構造化が難しかったようである。

KP法から気づいた生徒へのまなざし

KPの作成からプレゼンまでの生徒を観察していて、いつも気になるのは、字やイラストが苦手で上手くKPを作れない生徒、声が小さく目を見

て話すことができない生徒の存在である。そのKPは下手ではあるが論理的であり、プレゼンは朴訥ではあるが内容は核心をついていることが多い。最初は、このような生徒のKP作成やコミュニケーションのスキルを伸ばすことが必要だと考えた。

しかし小林昭文氏が言うように「アクティブラーニングの基本は、生徒の安心安全の場作り」であるならば、このような生徒たちのプレゼンにしっかりと向き合って、深いディスカッションができる生徒たちの聴く力を育てることが重要であり、少人数のKP法はその手段として非常に有効であると思われる。

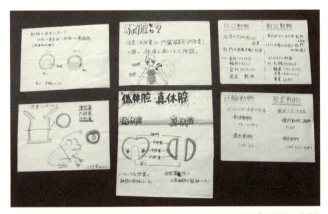

生徒によるKP（テーマ：発生に基づく動物の分類）

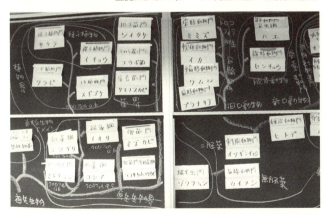

33種類の生物の分類（授業後）

KP法を利用したポスターツアー
—高校生物における アクティブラーニング

氏　名	溝上　広樹 (みぞかみ・ひろき)	担当教科	理科
学校名	熊本県立苓明高等学校	教員歴	7年

教科	理科	科目	生物	対象学年	高3	生徒数	32
単元	生物の系統						
使用教科書	生物（数研出版）						

▶当該授業の目的と目標

生物の分類について、KP法を活用したプレゼンテーションを実施し、知識の定着と汎用的能力の育成を図る。ここでは、生物グループの特徴について、個人で教科書を読み取りながら思考を整理し、グループでの合意形成プロセスを通したKPシートの準備を行う。その中で、各概念同士の結びつきを意識するとともに、既有の知識との関連付けを考える機会とする。プレゼンテーションを通して、それぞれの生物グループについて主体的に学ぶ。

▶授業の狙い、キャッチフレーズ

探求（自ら学び）、協同（仲間と力と心を合わせ）、創造（知のネットワークを創る）。

▶KP法の使用方法

教師による解説。生徒個人によるミニKP作成。グループでのKP作成。

▶KP法を使用することになった理由

教師による解説の時間を短縮し、生徒の活動時間を確保する有効な手法を探していたところ、KP法にたどり着いた。以前は、パワーポイントを使っていたが、板書に慣れた生徒から不安の声も聞かれていた。KP法では、目の前に説明過程が残るという点でも利点がある。さらに、生徒がグループでのプレゼンテーションを行う際のツールとして利用した場合には、思考整理と合意形成、個人の責任の明確化などができる点で有効であった。

▶授業の流れ

通常の授業でのパターン

	内容	教材
テーマの提示と導入	10分	KP法、スライド
単元の説明	10分	KP法、スライド
読解と整理	10分	教科書、プリント
グループでの対話	10分	
確認問題	5分	プリント
確認テストとリフレクション	5分	プリント

計50分

ポスターツアー

	内容	教材
単元の概要説明	10分	KP法
グループ編成	10分	
読解と整理	30分	教科書、ミニKP
グループでのKP作成	100分	KP法
ポスターツアーでの発表会	50分	KP法

計200分

授業の大まかな流れ

Ⅰ．KPPT（紙芝居プレゼンテーション・ポスターツアー）の場合

(1) テーマ選択…生物の系統についてKP法で解説後、6つの生物のグループ（①～⑥）のうち興味のあるもの3つを紙に書く。
(2) グループ編成…同じ生物のグループの仲間を探して5人で班をつくる。
(3) 個人で担当分野をまとめる…B4用紙に、教科書の内容を要素ごとにまとめていく。その紙を要素ごとに分けて切り取り、ミニKPとする。
(4) グループでの検討…同じ単元を学習したグループ内でミニKPを並べたり比較したりしながら、グループのKPの下書きをつくる。
(5) KP作成…それぞれ3～4枚を担当してKPシートを作成。班のメンバー全員が完成後、全シートを並べて再度検討。
(6) 発表および質疑応答の練習
(7) ポスターツアー用の班の編成…各グループ（①～⑥）から1名ずつが出てポスターツアー用の6人班（A～F）をつくる。
(8) 発表会…A班はグループ①、B班はグループ②、C班はグループ③…の各発表を聞く（する）。終了後ひとつずつずれ、A班はグループ②、B班はグループ③、C班はグループ④…で発表をし、同様に繰り返す。
(9) 自己評価・発表者のイイトコ探しを記入

Ⅱ．通常授業の場合

　教師によるKP法による説明を行う。なお教科書の図や写真については、必要に応じてスライドで投影して、説明を加える。

　次に、教科書の本時の部分を4分割して、個人で読み取り、プリントにまとめていく。なお、ここで生徒がミニKP（B7サイズ）を作成することもある。次に、グループ内で発表をしながら、内容理解を深めていく。その後、主に記述式の問題に個人・ペア・グループで取り組み、整理をしていく。最後に、選択式の確認テストを実施し、同時に学習内容や活動の振り返りをするためのリフレクションも行う。

　なお、以前は問題演習を主としたグループワークを行っていたが、生物の教科特性から、それだけでは思考が深まらないこともり、教科書の内容理解を中心とした形式に変化させていった。

授業で大事にしていること

　アクティブラーニング型授業を通して、生徒が主体的に学べるように、最初に安心・安全の場づくりを行うことを意識している。さらに活動を通して、少しずつ成長する過程を見守ることも重要だと考えている。毎回の活動では、きちんとラーニングが起こっているのかを見極めながら、授業を柔軟に設計していくことを意識している。

　アクティブラーニングでは、動きのある活動に目が奪われがちであるが、個人でのしっかりとした思考と、グループでの練り合い、さらに個人での振り返りがバランスよく行えていることが大事であると考えている。

KP法を活用するに至った経緯

　教師による説明は、以前はパワーポイントのスライドを中心に行っていた。時間短縮はできるが、スライドが次々に流れてしまうために、説明の過程が残らないことに不安を覚える生徒がいた。その中で、短い時間での説明が可能で、かつ説明過程や要素同士の関連性を残せるKP法に出会い活用するようになった。ただし、図や写真、動画についてはプロジェクターで投影をしており、柔軟な運用を行っている。

　生徒による活用としては、単元のまとめ時のポスターツアー（KPPT）などで取り入れている。以前は、ポスター発表を行う際には、グループで模造紙にまとめていた。発表時には、ポスターツアーの形式をとるため全員が発表するという点で、平等性が保たれていたが、ポスター作成時に参加はするものの平等性を確保できないという点で改善の余地があった。そこで、ポスター制作時にKP法を利用し、ポスターツアーを実施することとした。

KP法を活用することによる生徒の変化と感想

　以前は、マインドマップを個人での読み取り時に使用していたが、うまく活用できない生徒がいたり、そこからプレゼンテーションに作り替えたりする際に難しさを感じる生徒がいた。KPシートを作成する場合には、まずは要素ごとにまとめていくだけでよいため、ハードルが下がり参加度も上がった。さらに、ポスター作成時にも、思考整理をしながら

作成したミニKPをそのまま使用できるため、作り替える手間がほとんどない。さらにポスター作成で必ず付きまとうレイアウトについても考える必要がないことも利点である。ポスターツアーのKPシート作成時には平等性を確保し、全ての生徒が参加することができた。そして、KP法使用前よりも早く発表の準備を進めることができた。

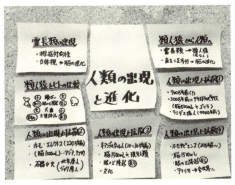

思考整理時の紙（B4）を切り取りミニKPへ

KPPT後の生徒の感想より

・ただ説明するだけでなく、分かりやすく説明することの大切さを知ることができました。
・少人数での活動で、話も聴きやすくて良かった。
・シートの書き方や分かりやすい構成など、これから役に立つことがたくさんありました。
・一人ひとりが内容理解をしようと努力していた。
・一人でするよりも周りと意見を出し合いながらつくった方が良いものが生まれますね。
・班内でも書くところを分けたので、理解度に差があり、質問に答えられず、まだまだだと感じた。

KP法活用のひと工夫

　KP法を利用した説明を行う場合には、基本的にノートに写すことを意図していない。そのため、手元に残らないことを不安がる生徒や、活動の時間を削ってでもメモしようとする生徒も出がちである。対策として、デジタルデータの場合にはそのまま、手描きの場合には全て貼り付けた状態で写真を撮り、プリントして配付する方法がある。現在行っている方法は、授業時に写真を撮り、そのままGoogleフォトで共有するように

している(生徒の校内でのスマホ使用禁止のため)。この方法では、最初にQRコードなどでURLを知らせておけば、あとはログイン不要でアクセス可能となる。さらに、授業時に追加したシートや生徒の意見などを書いた部分も同時に共有することができる利点もある。

KPを単元ごとに整理

　KPシートについては、手書きのものを利用しているため、川嶋さんの例にならい封筒を利用し、単元ごとに整理している。テスト前や課外などで短時間での復習が必要になった場合にでも、すぐに活用することができる。

今後の展開

　生徒利用のKP法については、さらに工夫を重ね様々な場面で利用したいと考えている。例えば、KPPTを実施する際にも、KPシートを次の発表者に手渡しをして、発表時のひとことアドバイスなどを伝え合っていけるようなリレー方式で実施することも可能である(KPR、紙芝居プレゼンテーション・リレーと川嶋さんが命名)。

　現在、同じ地元学習会メンバーだけでなく、校内でも少しずつ職員による利用の例もみられるようになってきている。アクティブラーニング型授業を広げていく中で、ICT機器が十分でない教室でアクティブラーニングに取り組む職員も増えていくことが予想される。その中で、KP法をはじめとする有効なアナログの参加型コミュニケーションツールについても紹介していければと考えている。

参考文献など
小林昭文(2015)　『現場ですぐに使える　アクティブラーニング実践』
　産業能率大学出版部(以前の形態でのポスターツアーについてレポートしている)
溝上広樹　『チームで学ぶ！高校生物』　http://albio.hateblo.jp
　(日々のアクティブラーニング型授業の実践を中心に記録)

KP法を利用したポスターツアー
―高校生物におけるアクティブラーニング

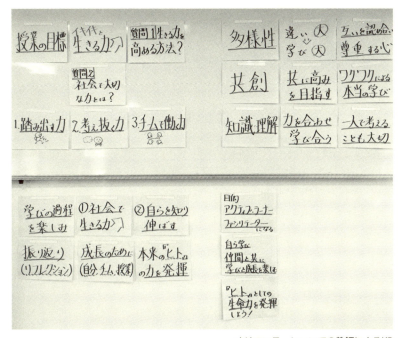

オリエンテーションでの教師によるKP

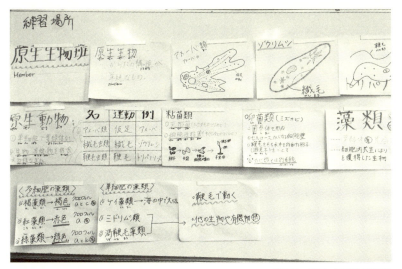

ポスターツアーでの生徒のKP

学びの責任感が高まる！
生徒が行う
KP法を用いた授業

氏　名	中間　義之 (なかま・よしゆき)	担当教科	理科
学校名	相模女子大学中学部・高等部	教員歴	13年

教科	理科（第2分野）地学	対象学年	中3	生徒数	30
単元	（地学）地球と宇宙				
使用教科書	理科の世界3（大日本図書）				

▶当該授業の目的と目標

太陽系の惑星をクラスメイトで分担して調べ、まとめ、発表すること、そしてクラスメイトの発表を聞くことを通して、天体に関する分野への関心を持たせる。

生徒がKP法で授業を行うことを課題として設定することで、「調べる―まとめる―発表する」までの作業の責任感を促し、「理解する」ことから「伝える」ことへの発展を経験することで、学びを深めていく。

▶授業の狙い、キャッチフレーズ

伝えることの難しさと、伝えるための工夫を考えよう。
クラスメイトの伝える気持ちを受け取ろう。

▶ＫＰ法の使用方法

生徒同士の協働学習における発表方法として。

▶ＫＰ法を使用することになった理由

実験・実習が多い理科という教科において、その機会を設定することが難しい天体の分野で、生徒が主体的に参加しやすい学習方法が課題であった。

学園祭において、中学3年生全員がKP法によるプレゼンテーション発表を行っていたため、すでにKP法のスキルが身に着いており、この活用を行うことにより、責任を持ちながらも楽しみながら参加できる授業構成を思い立った。

▶授業の流れ

KP法を活用することになった経緯と教師、生徒の事前準備
KP法を使えばプレゼンは難しくない！

　相模女子大学中学部では、学園祭においてKP法によるプレゼンテーションを中学3年生全員参加で行っている。2014年の秋から始まったこの取り組みでは、IT機器などの準備がなくても、普通教室で準備・実践ができることや、プレゼンテーションに取り組む中で生徒の心理的抵抗が最も大きい「原稿の暗記」が軽減されることから、KP法が採用されることとなった。

　当初は、「全生徒がプレゼンテーションを行うこと」「自信を持って人前で発表ができること」が目標であったため、「KP法」自体の説明を丁寧に行い、KP法を用いることで「人前で話す」ことへの抵抗を少しずつ取り除いていくことに時間をかけた。これには生徒向けにKP法のレクチャーとして、5時間分の授業をあてている。

①教員によるKP法実演とKP法の基本ルール説明
②KPカード（名刺大）作成、1人プレゼン練習
③グループ内（4～5人）でのKPカードによるプレゼン練習と、フィードバックシートによる還元
④プロッキーの使い方とKPシートの作成
⑤KPシートの貼り方、はがし方、声の大きさ講座

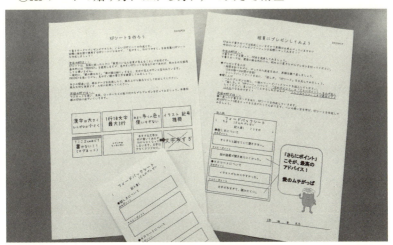

KP法のレクチャーに使用しているプリント

グループで「授業を行う」ための準備

　この時間を通して、「プレゼンって実は難しくないのでは!?」と思わせることが大切である。
　また、本校は女子校であるため、KP法の基本スタイルである「シンプル」については採用せず、「デコレーションあり」「カラフルあり」「凝ったイラストあり」と、準備を少しでも楽しく行えるようにルール変更をしている。

授業の実施にあたり設定するルール（生徒に与えた課題）
学びの責任感が高まる生徒が行う授業

　実験・実習が多い理科という教科において、その機会を設定することが難しい天体の分野で、生徒が主体的に参加しやすい学習方法というのが私の長年の課題であった。そこで前述したように、全員がひと通りのKP法スキルを身に着けたのであれば、それを活用しない手はないと考え、KP法を活用した授業展開を考えた。
　天体の分野では、「知識をつめこむ」ことに偏りがちな学習姿勢を、生徒の主体的な授業参加に変えるため、生徒4～5名のグループそれぞれ

学びの責任感が高まる！ 生徒が行うKP法を用いた授業

生徒による発表

に惑星の分担を割り当て、その惑星についてKP法を用いて「授業を行うこと」を課題とした。ここでKP法は、プレゼン準備にかかる時間を減らすことに大きな効果をもたらし、その分、生徒は「調べること」「理解すること」に時間をかけることができる。

　授業を受ける側から、授業を行う側への変化は、生徒の取り組む意識に大きな変化を与える。自分の伝えることが、クラスメイトの得る知識になるということは、「調べる」「伝える」ことに対する責任が伴い、自然と真剣に取り組もうとする雰囲気づくりになるのである。

アクティブラーニング型授業とKP法の相性

　本校の実践で、KP法を用いることでの生徒の変化は、「プレゼンは難しくない、プレゼンは簡単、プレゼンは楽しい」といった、生徒の意識の変化が何より大きい。人前で話すのが苦手な生徒、原稿の組み立て・暗記が苦手な生徒が、KP法を学ぶと同時に、苦手解消の方法を身に着けていくこととなった。

　学習後のアンケートでは、8割以上の生徒が、「プレゼンテーションを

行うことに対する抵抗が減った」と、9割以上が「プレゼンテーションが上達したと思う」と答えた。これらのことから、生徒は「苦手解消のため」の、教師は「アクティブラーニング型授業の幅を広げるため」のツールとして、KP法はそれぞれ大きな可能性をもっているといえるのではないだろうか。

学校内でのKP法の広がり

学園祭でのKP法学年全員プレゼンテーションは、2年間で200名近くの生徒が全員達成することができた。この実績により、生徒への有用性が実証され、この実践に関わった教師の人数が増えるにつれ、自然とKP法が学校全体に波及していくことに

「えんたくん」（川嶋直先生考案のコミュニケーションツール）を使った教員研修の1コマ

なった。また、学校全体でKP法を用いたプレゼンテーションを推奨していくことを確認し、「KP法基礎講座」「教員によるKP法実践」などの教員研修を行い、中学教員全員が、KP法を指導できる環境となった。現在は各授業でKP法が利用されている。

KP法をどのように学んだか

　私は、『KP法』の本を偶然手に取ったことでKP法を知り、「シンプルに伝えるKP法初級講座」に2015年4月、同僚とともに参加した。

　これをきっかけに相模女子大学中学部・高等部では、職員室、図書室にそれぞれ『KP法』の本が設置され、実践するにあたり、困ったとき、迷ったときにはいつでも手に取れるようになっている。

　また、教員研修を行う際には、準備として「YouTubeの【KP法動画シリーズ】◯〜◯番までを見ておく」といった反転学習を行うことによって理解を深めた。

　個人的には、やはり見るだけのYouTube動画より、川嶋先生の人柄が十分に伝わる中で、双方向のやりとりができる研修に参加することが、KP法理解のための近道であると感じている。

私の成功体験
予期しないところでのアクティブラーニング

　KP法のレクチャーをする中で、生徒は細かなルールを気にするものである。ペンは何色まで使ってよいか、一行に何文字まで書き込んでよいか、絵や写真はどの程度使ってよいのか…。

　『KP法』の本では、ある程度の目安が示されている。しかし、相模女子大学中学部・高等部では、「全生徒がプレゼンテーションを行うこと」「自信を持って人前で発表ができること」を達成するためにKP法を利用していたため、楽しく取り組めること、自信を持って発表ができることの達成を優先し、KPシート作成の細かなルールは気にしなくてよいこととした。そうすることで、生徒に余計な気をつかわせないようにしたのである。

　しかし、プレゼン練習の生徒同士のフィードバックで、「この色は見にくい」「文字の大きさを変えたほうがよい」「この挿絵は必要なのか」など、互いに伝えることの工夫を考える作業が生まれ、結果的にアクティブラーニング型授業に近い手法につながるとともに、『KP法』の本に示されている目安に近づくこととなった。

あなたに届く言葉をのせる

氏名	海上 尚美 (うなかみ・なおみ)	担当教科	地理歴史科
学校名	東京都立浅草高等学校	教員歴	15年

教科	地理・歴史	科目	世界史B	対象学年	高2〜4
生徒数	講座登録者数　①29名／②11名					
単元	古代オリエント世界	使用教科書	高校世界史（山川出版社）		

▶当該授業の目的と目標

大人になってから知らないと恥ずかしい、知っていれば人生がより豊かになる常識・教養を身につける。

自分なりの歴史観を養い、それを自分の言葉で他人にわかりやすく伝える力を身につける。

歴史を知ることを通じて、社会の存在意義を学び、当事者意識を持って社会に参画するひとになる。

ひととの関わりを通じて、将来生きていくために必要なスキルを身につける。

▶授業の狙い、キャッチフレーズ

ひとと社会を好きになる♪

▶KP法の使用方法

歴史事項の説明・授業内ワークの手順の提示。

▶KP法を使用することになった理由

日本ファシリテーション協会関係の人のお誘いでKP法セミナーに参加した。実際につくって発表する経験の中から、授業の中で使えるのではないかと直感し、すぐに実践を始めた。

▶授業の流れ

現任校の特徴と授業形態

　現任校は新たなタイプの昼夜間定時制高校で、開校11年目を迎える。単位制を採用しており、学年や所属部（午前部・昼間部・夜間部）が違う生徒たちが同じ講座で一緒に授業を受けることが珍しくない。また、小中学校での不登校の経験や他の高校での中途退学経験があるなど、義務教育段階の学習内容が十分に身についていない生徒の学びなおしのための学校でもある。そして、近年は外国にルーツを持ち、日本語が不得手な生徒たちも多く入学してきている。そのため、中学校までの地理歴史の知識など基本的な事項が十分定着していない者が多い。

　こうした現状を踏まえ、授業では歴史および人間と社会そのものへの興味・関心を引き出すとともに、基礎事項の確実な修得と知識の定着、歴史事象について考える力の向上を目指して、月に1度の小テスト（世界の国と首都、日本史では都道府県と都道府県庁所在地）、授業時間内の問題・地図演習を実施している。

　さらに、人間関係の構築、自分の意見をまとめたり表現したりすることや他者との協同作業に苦手意識を持つ生徒も多い。日常的に自分の意見を書き出させたり他者の意見を聴いたりする機会を多くつくるとともに、答えが一つではない問いについて一緒に考えていくことも心がけている。その他、機会をとらえて博物館の貸出教材を活用したワークショップ形式の授業を行うこともある。

　定時制課程のため授業1コマが45分、時間割編成の都合上原則2単位ユニット（90分）で時間割が組まれている。世界史Bは4単位科目であるため、2コマ90分の授業を週2回行っている。

　授業のルールについては、年度当初に授業内規律から評価方法まで詳細に説明する。単位制であるため、履修と習得については念を入れる。本校では限度時数以上の欠席による未履修者が非常に多い。ほぼ皆勤で出席する生徒もいるが、講座登録者の半数近くが欠席することもままあるほか、限度時数ギリギリのところで初めて授業に現れる生徒もいる。その日の授業に誰がどれだけ来ているのかは、その日教室に行ってみないとわからない。遅刻や途中退室も多い。そうした状況の中で、90分の授業をどう飽きさせず展開し、生徒の力を伸ばしていくかが毎時間の悩みどころである。

教材としては教科書のほか、自作のワークシート（出席常ならぬものが多い、生徒が文字を書くのに時間がかかるため）、資料プリント（経済状況が厳しい家庭が多く、副教材の図説などを購入させづらいため）、ふりかえりカード（毎時間、分かったこと・考えたことなどを記入）を使用している。

KP法の活用場面

本単元では、古代オリエント世界のメソポタミア文明について学習した。並んで扱うエジプト文明に比して、メソポタミア文明はその名を聞いても具体的なイメージがわきづらい。そのためアートカード（展覧会図録を拡大カラーコピーして筆者が作成）と対話型鑑賞の手法を用いて、資料を見るところから授業を始めた。

グループごとにアートカードを1種類配り、それが何かを考えるワークである。ワークの手順の指示をKP法を用いて行った。取り上げた資料は、彩文土器・円筒印章・トークン・祈る王グデアの像・ビーズ玉の首飾りである。

担当する2講座の人数が違うために発表方法は講座ごとに多少変えたが、考えた内容を紙に書きださせた点では共通している。発表のハードルを下げるために書き出す作業はとても重要である。アートカードについての生徒の発表に補足や説明を加えたところから、メソポタミア文明の展開に入っていった。

メソポタミア文明での重要なポイントとなるのが、ハンムラビ法典である。こうした重要事項について解説するときにKP法を使うのが、筆者の主な活用法である。

本校の生徒たちは耳で聴いた言葉を頭の中で漢字に変換して意味のある熟語として理解することが非常に苦手である。とりわけ抽象性の高いテーマについての話は、耳で聴くだけではほとんど理解されない。また、教科書の記述についても自力で意味を理解するのは難しい。よってこのように視覚にも訴えつつ繰り返しての噛み砕いた説明が不可欠である。

こうした説明の際に、パワーポイントのスライドにないKP法の強みを実感する。以前のシートも目の前に残っていること、説明の論理展開に合わせて貼り方の工夫ができること、次回以降の復習の際にもすぐに提

あなたに届く言葉をのせる

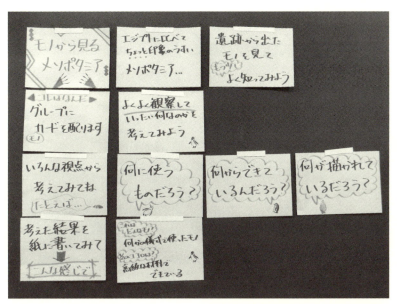

アートカードを使ったワークの手順の説明

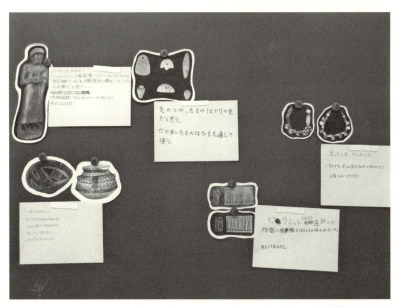

アートカードと生徒のコメント

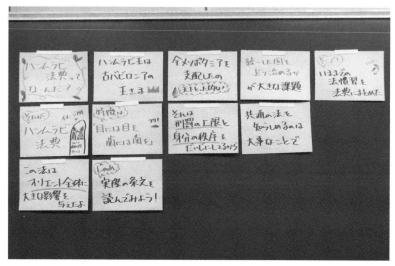

ハンムラビ法典についての解説

示できること、使える時間によってシートの抜き差しが可能で、パワーポイントのように目の前でスライドを飛ばすなどして生徒に不安を与えることがないことなどである。さらに実践を続ける中で気がついたのは、日本語が不得手な生徒にとっての学習の助けにもなっていることである。日本語ネイティブの生徒にとってはもちろん、日本語を母語としない生徒にとっても、キーワードを端的に伝えるツールとして役に立っている。

KP法についての生徒の反応・コメント

都立学校ではICTの活用を進めており、本校では普通教室にもプロジェクタが設置された。本校でも多くの教員がICT機器を活用した授業を行っている。そんな中で、KP法のアナログさが生徒の目に新鮮に映ることもあるようだ。

筆者のKP法は、セミナーで考案者の川嶋直氏に教わった、いわゆる裏紙にプロッキー（水性マーカー）でサクサク書いていく方法で作成している。話の内容は頭の中で練っておき、授業の直前にバタバタとアウトプットすることがほとんどである。この状況が好ましいものとは思わないが、KP法を用いるようになって、説明を考える／するときの頭の使い方

が変わってきたことを感じている。生徒の脳内に残る印象的な言葉を探し、本質を外さぬように嚙み砕いて話そうとすることは変わらないが、その際コマ割のようにスライドが頭の中に縦横に展開していくイメージを描くようになった。多少なりとも自分の中で論理性が高まっているのかもしれない。管理職による授業評価でも「迫力と説得力のある授業」との評価を得てもいる。

　生徒たちからは以下のような感想を聞かせてもらった。
○今までにない初めて見る授業で、最初はすごくびっくりしたが、とてもわかりやすく、1枚1枚順番に見ているとまるで本を読んでいるみたいで、どんどん話に入っていきたい！　もっと先のことを知りたい！と思わせてくれるようなやり方だと思います。
○授業の内容の中で重要なところをまとめてあって、さらに先生が話してくれるのでわかりやすいし、プロジェクタだと消えちゃうから、黒板にはってあるほうがいいなと思いました！
○話の内容が分かりやすく、頭の中に入ってくる。聞きのがしても見るだけで分かる。
○黒板にはっておいてもらえるとメモするのにあわてて書いて、後日見たときにわからないってことがなく、整理しやすいから助かる。テスト前に見てもわかりやすい。

　おおむね教員側の実感とも合致するが、字が見えづらい・紙が多すぎるなどの声もあった。これはひとえに筆者の技量不足によるもので、改善の余地が多分にある。率直にこうした感想を伝えてくれる生徒たちとの信頼関係を大切にしながら、今後も実践を重ねていきたい。

考える時間を創り出す KP法による世界史授業

氏名	多々良 穣 (たたら・ゆたか)	担当教科	地理歴史科、公民科
学校名	東北学院榴ケ岡高等学校	教員歴	22年

教科	地理歴史科	科目	世界史B	対象学年	高1	生徒数	41
単元	元の社会と滅亡							
使用教科書	詳説世界史B（山川出版社）						

▶当該授業の目的と目標

元を建てたモンゴル人は、どのように漢民族を支配したのか考える。民族的身分制では、同じ漢民族でもなぜ漢人と南人がランク分けされたのかを、自分たちが当事者となった場合の感情を想像しながら理解させる。また、元の滅亡の原因として、それ以前の中国王朝の滅亡原因と類似する農民反乱や宗教との結びつきがあげられる。元のみならず、中国王朝滅亡の理由を考えて歴史理解を深める。

▶授業の狙い、キャッチフレーズ

自分たちの力による自分たちのための学習。
キャッチフレーズは「頭働いてる？」

▶KP法の使用方法

授業内容や流れの整理。

▶KP法を使用することになった理由

本書の編者でもある皆川雅樹氏から、2015年秋の講演会でKP法を紹介してもらったのがきっかけ。板書する時間を省くことと、短時間で流れよく説明できる利点を生かすことになった。また、個人的事情で板書が困難になったことも、KP法を推進する理由となった。

▶授業の流れ

パターンA（通常授業）

内容	テーマの確認と単元の説明	基本事項の説明、発問	個人またはグループでの学習	歴史的流れの説明、発問	個人またはグループでの学習	振り返り	計50分
	3分	5分	10分	10分	15分	7分	
教材	KP法	プリント、KP法	プリント、KP法			プリント	

パターンB（グループ討論）

内容	テーマの確認と単元の説明	基本事項の説明	個人での学習	グループ討論	発表	振り返り	計50分
	3分	5分	10分	15分	10分	7分	
教材	KP法	プリント、KP法				プリント	

授業の大まかな流れ

　通常の授業では、板書の時間を省くためにKP法による説明を行う。授業の始めに「本日のテーマ」を貼って授業目的を生徒に意識させる。その後ポイントとなる説明をし、それに関する発問をして生徒が考察する。これを2つほど設定し、最後に振り返りを行う。今回紹介する事例では、講義解説が3回に生徒による考察が2回。なお、グループ討論も実施することがあるので、その事例については最後に紹介する。

授業におけるルール設定

　「たくさんメモして」と呼びかけている。黒板に貼るKPシートだけをノートすると、復習の際に流れがわからなくなるので、教師の解説をとにかくたくさんメモして自分なりのプリントをつくる。

　生徒との合言葉は「頭働いてる？」「働いてる！」。教師が生徒に頭を使うよう呼びかけ、生徒自身もボーッとしないように自分に働きかけるのも、ルールといえばルール。

　考察の時間は、最初は自分自身で考え、その後必要に応じて周囲の仲間と会話しながら考え、設定時間内で答えを導き出す。難しい発問のときは、こちらで答えを言ったり、授業後に補足プリントを配布したりすることもあるが、簡単な発問のときは自分たちで答えを導き出すようにし、特に教師から答えを出さない。

　授業への臨み方については、こちらからペアやグループをつくるよう指示することもあるし、1人でも複数でも構わないから好きなように席を移動させる場合もある。

　授業の最後に行う振り返りでは、とにかくたくさん文章を書くようにする。質問項目は、基本用語の一問一答、授業で理解できたこと、よかったこと、次回の授業での改善点などを文章で書いてもらう。

教師の事前準備

　生徒の事前準備は特に指示していないが、早いテンポについていけないと感じる生徒は、事前に教科書を読んでくる。

　教師側は、書き込めるスペースを多くした授業プリントと、振り返りプリントを配布する。授業プリントには最初に「本日のテーマ」を書か

せるので、毎時間テーマ（目的）を設定して授業の組み立てを考える。重要語句と歴史の流れを考慮したKPシートを準備するが、黒板のスペースも考えて1時間につき10枚程度におさえる。後ろの席の生徒にも見えるように、字を大きくしてプリントアウトする。1コマの授業準備に要する時間は、通常3時間以上かかる。

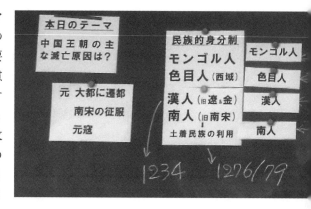

通常授業の実践内容

　今回紹介する授業は、「中国王朝の主な滅亡原因は？」がテーマ（写真1）。まず元の政治体制を説明し、少数のモンゴル人がどのように民族的身分制をしいたのか考えさせた。生徒を黒板の前に出し、モンゴル人・色目人・漢人・南人の札を正しい順番に並べさせ、異論がある場合は他の生徒が出てきて直す。単なる暗記でなく、なぜ南人が最下位なのかを考えさせたため、この方法への生徒たちの評価も高かった。その後、災害が重なって14世紀の危機に陥ったとき、民衆はどんな気持ちになるかを想像させ、救世主を求める宗教や反乱がおこったことに気づくよう、生徒同士で話し合わせた。元末の紅巾の乱だけでなく、後漢末の黄巾の乱も同じ流れで発生したことも復習し、中国王朝の滅亡原因を考察させた。

グループ討論の授業実践

　1カ月に1度の割合で、グループ討論による授業を行っている。今回紹介する授業では、「あなたならどの諸子百家を支持するか？」を討論材料とした（写真2）。もし生徒自身が春秋末期から戦国時代に生きていたなら、どの諸子百家の思想に共感して幸せをつかもうとするかを考えさせた。簡単に儒家・墨家・道家・法家・縦横家などについて説明し、その後話し合い用資料を配る。まずは自分でどの思想を支持するか、その

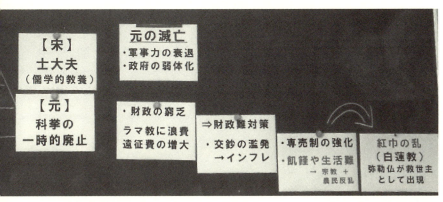

写真1　元の滅亡（通常授業）

理由も明確にし、次にグループで話し合ってもらう。各グループ（4～6人）でどの思想を支持するか決め、それを発表させた。時間の関係で、選んだ諸子百家が重なった場合はじゃんけんで一つの発表グループに絞り、発表させた。振り返りシートを見ても、仲間や他のグループの意見を聴けたことが非常に興味深かったようで、各諸子百家の思想内容が記憶にも残った様子だった。「兼愛」を主張する墨家を支持するグループに対し、乱世において理想論に走っても意味がないと、現実的な法家を支持するグループが反論するなど、白熱した討論が展開され、授業が非常に盛り上がった。

生徒の変化と感想

授業の終わりに提出させる振り返りシートや定期考査ごとのアンケート調査から、次のような実態が浮かび上がってきた。

KP法はテンポよく説明でき、板書時間を省くことができるため、従来の板書中心の授業に比べて多くの学習活動がとれる。ただ、情報量は板書よりも少なくなるため、生徒自身のメモが必要となる。比較的能力が高い、あるいは意欲的な生徒にとってKP法は好評だが、書くことと聴くことを同時にやることが苦手な生徒は、この方法に慣れるまで時間がかかる。よって、当初は反対が多かった。

2015年度後期（2学期）の授業では、KP法を継続して行った。書く・聴くの同時作業に慣れてくると、この方法のメリットを理解できる生徒も

増え、徐々に賛成派が多くなった。時間の省力化によって生まれる「新たな時間」は、「考察」や「討論」に利用できる。生徒もこれを十分理解しており、授業中に考えることの面白さに目覚めていった。ただし用語を多く暗記し、それを試験でアウトプットして高得点を取ることに快感を覚えていたタイプの生徒は、依然として旧式の授業をよしとしていることが多いように思われる。

KP法とアクティブラーニング

　KP法の長所は、説明を流れよくコンパクトに行えること、同じ授業時間内でレイアウトを変えて何度も説明に利用できること、そして考える時間を捻出できることである。したがって、KP法は授業形態の一方法ではあるが、それがアクティブラーニングと結びつくことは明確であろう。そこで問題となるのは、捻出した時間の利用方法である。

　私は講義形式と発表形式の授業において、実際にKP法を活用している。講義形式がいわゆる通常授業（パターンA）で、発表形式がグループ討論（パターンB）に相当する。KP法を導入し始めた頃は、なるべく多くの時間を生徒同士が話し合うべきだと考えており、発表形式の授業を中心に計画していた。しかし、考察の時間を多く取ればそれだけ間延びしてしまう状況も生まれる。また生徒たちのアンケートには、自分たちの知らない歴史の話をしてほしいという要望がかなり見られる。私が担当する世界史には、生徒たちが知らないたくさんのエピソードがあり、私自身が発掘調査で実際に見聞きした現地の様子を話すと、生徒たちは興味深く聴き入る様子がうかがえる。そこで現在多くの授業で実践しているのは、KP法によってコンパクトに解説し、所々に生徒たちが考える時間を設けるミックス形式である。2015年度の最終授業でとったアンケート結果からも、考察時間を挟んだ講義形式の授業がもっとも高く評価された。私の勤務校ではKP法はまだほとんど実践されていないが、今後もこのスタイルを継続していきたい。

今後の方向性

　私は初め、アクティブラーニングを進める上で、話し合いによって賑やかになる授業がいいものだと誤解していた。だが、生徒個々の性格の

問題だけではなく、発達障害などを抱える生徒もいるなかで、複数の友人と意見交換をしたり教え合いをしたりするのは厳しい場合もある。アクティブはあくまでも能動的で頭の中が活性化されていればいいのであって、必ずしも人数は関係ない。むしろグループやペアを作ることを強要することは、特に高校では生徒に苦痛を与えることもある。したがって、通常授業では、個人・ペア・グループを作るのは生徒に任せ、アクティブラーニングを実践していく方向で考えている。その上で、定期的に大きなテーマを考えるグループ討論を1～2カ月に1度実施し、コミュニケーション能力やプレゼンテーション能力を養い、他の意見にも耳を傾ける姿勢を培っていきたい。

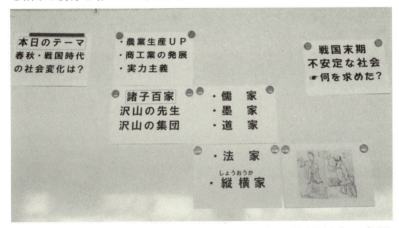

写真2　諸子百家（グループ討論）

なお、本稿で紹介した事例以外のKP法実践例は、拙ブログ「マヤ夫の世界史授業」(http://plaza.rakuten.co.jp/slighttable61929/) を参照のこと。

「問い」のくり返しで、歴史を点から線にする

氏　名	加藤　潤 (かとう・じゅん)	担当教科	地理歴史科、公民科
学校名	西武学園文理中学・高等学校	教員歴	21年

教科	地理歴史科	科目	日本史	対象学年	高2	生徒数	34
単元	幕藩体制の確立・織豊政権						
使用教科書	詳説日本史B（山川出版社）						

▶当該授業の目的と目標

教科書に書かれている記載に対してあえて批判的に、正解のない問いを投げかけ、自らの納得解を導き出すことで、課題解決に関心を持たせる。日常、評価され続けてきた立場から、史資料を活用し、豊臣秀吉の統一政策（兵農分離・禁教・朝鮮出兵）を評価することで、単なる過去の遺物の暗記で留めるのではなく、自分事に落として考えさせる。

▶授業の狙い、キャッチフレーズ

クリティカルシンキングの持ち主が狙い。
「自分・他人に対して面倒くさい人になる！」

▶KP法の使用方法

本時の問いかけ・内容のストーリー説明として使用。

▶KP法を使用することになった理由

主な理由として2点。1点目は、ダラダラ説明する時間の省略。2点目は、授業時に提示する問いに対して十分探究する時間を与えること。KP法導入で、説明時間を省略できたことで、「問い」に対して生徒は十分に考え・議論し、自らの納得解を導き出せる時間を持たせることができた。また、KPシートに書いた情報は授業終了時まで掲示しておくので、本時のストーリーやポイントがしっかりおさえられて、生徒にはとても評判が良い。

▶授業の流れ

歴史＝暗記科目？

　生徒たちに「歴史(日本史)とは？」とざっくりした問いかけをしてみると、「歴史＝暗記科目」。

　「歴史(日本史)は好き？」と問いかけると、「歴史は暗記科目だから好きor嫌い」といった返答が戻ってくる。

　教科書に記述されているゴシック体の歴史用語を覚えればテストで高得点が取れるといった学習スタイルが定着している。このような学習スタイルに、私自身が違和感を抱きつつも、彼らのひたすら歴史用語を覚えるスタイルに応えようと、覚えてなんぼ(論述問題も交えつつ)のテスト作りをしていた。

　確かに、多くの歴史用語をインプットすることは決して間違いではないし、また、多くの基礎知識をもつことを否定するつもりはない。しかし、私自身、歴史とは「過去の事象を今日(または未来)へとつなげ、それを「自分ごと」として置き換えること」と考えている。

　そのためには、教員が一方的に話す「聞くだけの授業」ではなく、1時間、1時間、しっかりと思考させ、

行基の活動は評価できる？ or できない？

❶ 行基の活動と，その他僧侶の活動は何か？
　　それぞれ名詞＋動詞でピックアップしてみよう！（質より量）

行 基
［　　　　　　　　　　　　　　　　　　　　］

その他
［　　　　　　　　　　　　　　　　　　　　］

❷ 作成した表から，行基・その他僧侶の特徴を15字程度でまとめてみよう。

行基の特徴は，＿＿＿＿＿＿＿＿＿＿＿＿＿＿＿＿＿＿

他僧の特徴は，＿＿＿＿＿＿＿＿＿＿＿＿＿＿＿＿＿＿

「本時の問い」に対して、自分なりの解を導き出すためのワークシートの例

「自分の納得いく解を導き出せる授業」づくりをしたいと思った。

KP法との出会い

　思考してアウトプットする授業展開をするためには、説明する時間の短縮が必要不可欠である。その解決策を模索している中、出会ったのがKP法という手法の導入である。これを導入したことで、その日の授業テーマのストーリーを素早くプレゼンし、また授業時間中にずっと提示して視覚化させることで流れをインプットできる。さらに残り時間の大半を思考する時間や自分の納得解をアウトプットする時間に費やすことができ、私自身も「納得いく」授業展開ができた。

　下の写真は、「豊臣秀吉の統一政策」の導入で使ったKPだが、生徒の探究活動の時間を増やすために、授業最初の5分で時代のストーリーを提示した、そのときのものである。

教師が提示するKP

授業で大事にしていること

　私自身が授業で大事にしていることは次の3点である。

歴史用語の単なる丸暗記＝点のままにしない

　用語の意味・内容把握に留まらず、それがもたらした歴史的意義、そして自分や現代（過去からすれば未来）へと思考をつなげる。過去の遺物・遺産を＝点のままにせず、現在へとつなげる＝線にしていく。そのため

には、1時間の授業の中で「問い」を3段階、具体的には、①歴史的事象を問う(ex.生類憐れみの令とは何か？)、②歴史的事象がもたらした意義を問う(ex.生類憐れみの令がもたらした意義とは？)、③(事象を)今の自分(現代社会)へ近づける問い(ex.生類憐みの令が今日の日本で実施された場合、どのような社会整備が必要か？)を提示して、思考・アウトプットさせていく。

常にクリティカルシンキングを
　最終的には教科書の記載を受け入れつつも、一旦立ち止まって批評的解釈＝自分の解を導き出せるよう、問いと思考のくり返しを重視している。また、このことで史料批判の姿勢も培うこともできる。

振り返る
　本時で学習した内容を共有して知識を定着させつつ、生徒一人ひとりがこの1時間で何をどう考えたか、自己評価・気づきをアウトプットさせて「見える化」し、次時へとつなげる。

KP法の広がりなど波及効果
　昨年9月に学内で初めて実施した後、教科の枠を超えて学内の教員に急速に広がった。私が所属する地歴公民科や英語科教員は授業時の課題提示に、数学科では演習の際に公式を書いたシートを提示しておいて生徒の解法の手助けに利用するなど教科の特性をいかして波及している。また、保護者会でもグループワーク(情報交換)の際、話し合いのルールやテーマを提示したことで、横道にそれることなく議論が進んだという報告も受けている。KP法の実践は、さまざまな場面で広がっている。

授業以外でのKP法の使いどころ
　HRでの自己紹介や委員会決めでの自己のマニュフェストのプレゼンなど多様に使える。伝えたい内容を掲示したままにしておけるので、オーディエンス側にとっても非常に覚えやすく、印象に残りやすい。
　ICT機器を用意・作成などの時間を要する準備がなく、A4用紙とペンがあればすぐに対応可能で、手軽にできる。

KP法による自己紹介

生徒によるKPの活用

　毎時間ではないが、生徒にKPを使って発表させる試みも行っている。その目的は、授業で得た知識を活用して、さらなる理解・定着を図るためである。

今後の課題

　KP法の導入で、以前に比べて生徒たちに思考させる時間、ペチャクチャさせて生徒間・教員とのコミュニケーションをとる時間が確保できるようになったが、まだまだ一方的に話す時間が多い。解決のためには、シートの枚数を少なくする必要性があるが、そうなると提示する情報量をシンプル、かつ効果的に示していくための精査が重要で、枚数と内容のバランスが課題である。

　また、生徒にKP法でプレゼンさせていくにあたり、教員のやり方が自然とモデルとなり、その通りに実践しようと取り組むため、彼らの独自性をどう導き広げさせられるか、今後の課題として解決していきたい。

「問い」のくり返しで、歴史を点から線にする

KP法による発表の準備

生徒が提示するKP

「場を創り、場に価値を」
"杉山の日本史"からみるKP法活用術

氏名	杉山 比呂之 (すぎやま・ひろゆき)	担当教科	地理歴史科
学校名	専修大学附属高等学校	教員歴	11年

教科	地理歴史科	科目	日本史B	対象学年	高3	生徒数	17
単元	文化のはじまり～縄文時代～／特集：飛鳥文化							
使用教科書	詳説 日本史B（山川出版社）							

▶当該授業の目的と目標

①チーム日本史で学び合い、高め合い、全員合格！②アクティブラーナーになるべし！③傾聴のスペシャリストになるべし！以上、3点のグラウンドルールを軸として、学びの場を生徒とともにデザインすることを目的としている。当該授業では、古代の通史と文化史の醍醐味を導入部分の実物史料で体感しつつ、点の知識ではなく、線の知識、そして円の知識になることを目標にインプット以上にアウトプットに重点を置いている。

▶授業の狙い、キャッチフレーズ

場を創り、場に価値を／アウトプット＆モチベーションマネジメント

▶KP法の使用方法

生徒による前時の復習プレゼン／文化史のジグソー活動時の共有／教員による配信動画及び授業のレクチャー

▶KP法を使用することになった理由

KP法は当初日本史ではなく、土曜講座（チーム作り）や外部講座などで活用をしていた。しかし、自分自身がやればやるほどプレゼンでKP法を活用することが上手ではないと痛感したことが、逆に生徒を中心に日本史で活用するという発想にたどり着いた。生徒にとっては講義時間の短縮＝インプットタイムの短縮／思考整理／プレゼン能力の向上などを促し、日本史を学ぶだけではなく、日本史で学ぶという姿勢を生み出している。

▶授業の流れ

通史の授業でのパターン

文化史の授業でのパターン

教師が下手でもKP法は活用できる！

「杉山はKP法が下手である。」これは紛れもない事実である。しかし、"杉山の日本史"における生徒は見事にKP法を活用している。決して、教師が上手になる必要はない。（もちろん上手なほうがよいとは思うが…）生徒がアクティブラーナーとなり、学びのツールのひとつであるKP法を上手に活用してくれればよいのである。本稿は、「下手な教師でもできるKP法活用術」と捉えていただき、皆様の授業研究の一助になれば幸いである。

"杉山の日本史"とは!?

「場を創り、場に価値を」私のキャッチフレーズである。その場に存在する全員で場を創り出し、その場に価値をもたらし、どのような場であっても価値を見出す人になってほしい、その思いを軸に授業を実践している。"杉山の日本史"では、

授業風景（アクティブラーナーな生徒たち）

授業外の学びを促すことを第一として、また授業内では他者がいるからこそ生まれる学びを重視している（授業の流れ参照）。授業外の学びの促進ツールとしては、「杉山の日本史オンデマンド（SNO）」と称し、各単元のおおまかな歴史の流れのレクチャーを映像配信して予習・復習を促している。また、「Sgitter」というTwitterを活用して歴史用語などの情報を発信している。また授業内では、生徒をアクティブ（・）ラーニングな状態に促す授業を実践し、右のキーワードを軸に授業を展開している。

アクティブラーニング	傾聴	KP法（アウトプット）
モチベーションマネジメント	杉山の日本史	チームビルディング
実物史料（切実さ）	ファシリテーション	対話型リフレクション

杉山の日本史キーワード

杉山の日本史オンデマンド（SNO）／Sgitter

生徒も教師もマインドセットが大切！
ただし…マインドコントロールにならないように！！

　授業に臨む大前提として、どのような授業スタイルであっても大切なことがマインドセットである。マインドセットとは、「考え方の基本的な枠組み」のことであるが、私が一教師として自分の言葉で置き換えるならば、「こんな教師になりたい、こんな生徒を育てたい、こんな学校にしたい、こんなコミュニティにしたい…に対しての自分の心の根っこ」のことである。このようなマインドセットを、生徒も教師も整えることが大切なのである。私は平均して1学期に3時間、2学期に2時間、3学期に2時間を確保して、オリエンテーション授業を実践している。どのような「優れた授業」であっても、マインドセットが出来ていると出来ていないのとでは学びの質と量が大幅に変化してしまう。KP法／協同学習／反転授業／振り返りなどの手法も、ただやるのではなく、なぜ？やるのか、つまり「know how（ノウハウ）」ではなく「know why（ノウホワイ）」をしっかりと教師と生徒が共有して、共に学びの場をデザインしていくことが必要不可欠である。しかしながら、自戒の意味も込めて述べるが、決してマインドコントロールになってはならない。数年前の私は、学年が変わり担当を外れた生徒から「先生の授業が良かった」と言

われることに恥ずかしながら喜びを覚えていた。しかし、それは非常に危険なことである。"杉山の日本史"でなくともアクティブラーナーになれる生徒を育成する目標のはずが、"杉山の日本史"でなければアクティブラーナーにならない生徒を育成していたのである。マインド×スキルのバランスを教師自身がしっかりと捉えて、多角的・多面的視点で生徒と共に学び続ける姿勢が大切である。

"下手"だからこそできる活用術（上手でもできます…）

「杉山さんは本当にKP法が下手だよね。」「KP法を使う必要ある？」、本校の同僚の率直な意見である。深く自覚をしているが、私はKP法が得意ではない。むしろ下手である。このような意見をもらいながら、自らの授業研究を進めていく中で、あえてこれまで以上にKP法を活用したいという気持ちが湧いてきた。そこで、教師だけがKP法を活用するのではなく、生徒主体でKP法を活用していくために、「前時の復習KP法」を実践した。しかし、当初はルール設定が甘く、タイムマネジメントや紙芝居のクオリティ、プレゼンの内容など、改良すべき点を多く残してしまった。そこで、一年間の実践と、生徒からの率直な意見を参考にルールを再考した結果、より伝わる「前時の復習KP法」へと変化した。

≪前時の復習：KP法〜ルール〜（再考後）≫
①チャイムが鳴ったら、プレゼンターが号令をかける。
②Ｂ４の用紙８〜12枚程度でKP法による前時の復習プレゼンを行う。
③制限時間は号令をかけてから５分以内。（途中でも切ります。）
　※KPは手書き（プロッキー使用）。
　※一枚に最大３色・最大一行10字・最大三行まで。
　※必ず、「Question」を入れて、クラスメイトに投げかけること。
　※手元資料（台本）は禁止。（KPの裏にうすくキーワードをメモするなどして対応すること。）
　※パフォーマンス評価の一部とします。
　※諸事情によりプレゼンの順番を入れ替えた場合には、男子は男子、女子は女子で入れ替えを行うこと。（基本的に入れ替えは×）

※当日やむを得ない理由で欠席をした場合には必ず杉山に連絡をお願いします。(その場合、ひとりでプレゼンをしてもらうか、他の人と交代をしてください。)

※KP法の免許皆伝になるには、川嶋直『KP法シンプルに伝える紙芝居プレゼンテーション』(みくに出版、2013年)を手に取ること!

専修大学附属＝KP大学附属!?

「先生、うちの学校ってKP大学附属ですか!?」実際に生徒に言われたコメントである。本校では、教科を問わず多くの教師・生徒がKP法を活用している。もちろん、KP法がベストではないが、本校の環境や生徒・教師の状況を考えた場合、ベストに近いツールのひとつであることは間違いない。また、KP法を通じて、相互の授業見学や意見交換が活発に行われ、授業の一ツールにとどまらず、コミュニケーションツールとしても活躍している。あるひとつのスキルが、このようにひろがりを見せ、無限大の可能性を示していることは多くのみなさんに共有したい素敵な事象である。

さいごに…KKOとは?

「勘・経験・思い込み」KP法や自分自身が意識をして生徒をアクティブ(・)ラーニングな状態に促す授業を実践するまでの私はKKOで授業研究を行い、授業を実践していた。KKOに頼っていた時の私は、良くも悪くも自分を信じ、自分を疑うことがなかった。しかし、「井の中の蛙」になっていた私を外に連れ出し、別の世界を知るきっかけを与えてくれた同僚の存在により、KKOから脱却できた。そして、これからも常に生徒を成長させるために、自分も成長

杉山のマインドセット

できる教師であり続けたい。そのために、今後は良質なツールであるKP法にさえ固執することなく、様々な変化に対応し、自分自身が一生涯アクティブラーナーでいることこそが、必要不可欠である。しかしながら、これらを決して"共有"しようとは思わない。なぜなら、その"共有"が"強要"となる可能性もあるからだ。だからこそ、せめて"共存"を目指し、多くの方々と学び合い、高め合っていきたい。

さて、まずは杉山自身少しでもKP法を上手に活用できるようにならないと…。

KP法のルールを再考する以前の生徒による力作KP（素敵だが情報量が…）

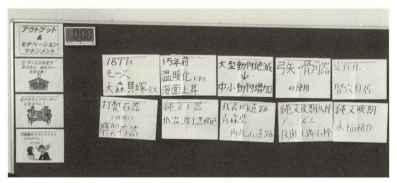

KP法のルール再考後の生徒によるKPとグラウンドルール

※「杉山の日本史」／「チーム作り講座」の詳細は以下を参照してください。ぜひ、"いま"の杉山の日本史をご覧いただき、共に学び合い、高め合えると幸いです。

公式HP（http://www.s-teamdesign.org/）

多彩でDEEPな思考活動を支えるKP法

氏名	藤牧 朗 (ふじまき・あきら)	担当教科	公民科
学校名	目黒学院中学・高等学校	教員歴	12年

教科	公民	科目	現代社会	対象学年	高1	生徒数	14
単元	国際社会と日本						
使用教科書	現代社会(清水書院)						

▶当該授業の目的と目標
国際社会における日本の立場と役割について、歴史的背景の知識をもとに理解する。そして、世界とのかかわりを、身近なものとして、自分の言葉で語り、これからの国際社会で生きていく民主主義的な考えをもった人として、自分自身で考え自分自身で判断行動していく力を身につける。

▶授業の狙い、キャッチフレーズ
授業の時間はみんなで楽しもう！　間違えることを怖れない自分を育てよう！

▶KP法の使用方法
教員による新規学習事項の説明及び生徒からの質問提示

▶KP法を使用することになった理由
生徒ができるだけ自分から考え、発言でき、生徒が中心となる授業をしようと常に心掛けてきた。その中で、ホット・シーティング(演劇的手法)など獲得型教育やグループ討議など生徒同士で一緒に考えるように、できるだけ生徒が主体的に活動する場を作ろうと努めている。そのためには授業時間の中で、充分に生徒自身が考え、動けるように、安全な場とより多くの時間を確保することが必要となるためKP法を取り入れた。

▶授業の流れ

通常の授業でのパターン

	前回の授業の発展的復習(理解深化)	本日の単元の説明(教師の説明)	グループでの質問精査及び発表(理解確認)	回答及び説明	リフレクション(自己評価)	計50分
内容	10分	10分	15分	10分	5分	
教材	ホット・シーティング	KP法	(KP法)		リフレクションプリント	

授業の大まかな流れ(タイムテーブル)とKP法の役割

(1) 演劇的手法の一つ「ホット・シーティング」を使った前回授業の理解深化(発展的復習)。今回は国連から事務総長と職員が来たという設定で行われた。
(2) KP法を利用した教師による説明。その中に、教師からの疑問の投げかけも入っている。この後のグループ活動で協働的に考えていくことができるように必要な生徒の知識形成を行っていく。
(3) グループになっての質問のやりとり。この授業展開の中で、中心となっているのが、この「生徒が主体的かつ協働的な学び」であるグループ活動による質問精査及び発表の場面である。
(4) 生徒から出てきた質問を利用して、さらに学習内容を広げ深めていき、
(5) 授業時間の最後に、今日のリフレクションを行う。

上記のように、知識共有と時間確保をするという2つの点でKP法が大きく役立っているのである。

それでは、以下に授業展開の詳細とそれぞれの意義を示していこう。

初めに【理解深化】の時間がある意味

毎授業時の初めは、前回の発展的な復習を行っている。これは、「教えて考えさせる授業」(市川伸一)における【理解深化】にあたる学習である。【理解深化】は基本的には、当該授業時の最後に配置される時間であるが、家庭学習として調べる時間が取れることにより、生徒自身の関心の度合いに合わせ、より高いレベルの学習内容の深化を期待できるものとしている。

ここにおいて使っている方法は、ホット・シーティングという演劇的手法の1つであり、「獲得型教育」(渡部淳)である。前のホット・シートに座る人を選んで、選ばれた人はその人物になりきって発言をしてもらう形となる。この授業では、他の人は、ホット・シートに座った人に対して質問をする。今回は、前回の授業内容(国際連合と国際平和)に応じて、「国際連合事務局長」と「世界観光機関の職員」に来ていただいた。実際には、2人の生徒がその役となり、他の生徒は、「質問者」となって質問を投げかけていく。質問者は、新聞記者など報道関係者から地元の小学生まで個性的でさまざまな役になりきっている。回答する二人は、事

前に自分で調べて得た知識で答えていくが、回答に窮することもある。そのときの反応も個性的であり、回答しきれないときに、キレ返す人も謝る人も他人に回す人も出てくる。このようなやり取りがこれからの社会で生きていく中で役に立つものであろう。

このような方法をとる理由は3つある。

1つめは、豊かな想像力を育んでいきたいということである。2つめは、豊かな表現力を養ってもらいたいということである。最後の1つが、「心の壁」を破ることである。この

ホット・シーティング場面

ことが3つの中で最も重要と考えている。日本では、「間違ったことを言ってはいけない」「友だちから変に思われないだろうか」など、自分から発言することに対する厚い壁を持っている子どもたちが多いように思われる。その壁を打ち破るために「その人」になりきって質疑応答をしていく形をとっている。

KP法による教師からの説明

「教えて考えさせる授業」の【教師の説明】の部分をKP法によって行っていく。教科書(通常2〜4ページ分)の説明を10分以内で行っている。最近の国際的なできごとに関して、事前に準備したKPシートを貼りながら示し、いろいろと質問していく。「(戦後のアメリカの占領下から)なんで日本はこの時期に独立できたのか」などと、生徒に対して、質問を投げかけながら授業を進めていく。

さらに、「日本の外交や防衛はこれからどのようにしていけばいいのか？」「人間の安全保障は？」というように、説明の最後も疑問形で終わらせておくようにしていく。そのことによって、生徒の「自分たちで考える」という姿勢を促していくようにすると同時に、次のグループ活動の活性化を図っている。

KP法を利用することにより、常に生徒の方を見ながら授業を進めていくことができる。そのため低学年や落ち着きのないクラスにおいても利用できる。

グループ学習による「質問精査」
　この授業における欠かせない部分であり、「教えて考えさせる授業」における【理解確認】にあたるところである。
　グループ活動に入るときには、トランプを使ってランダムにグループ分けを行っている。この方法をとることにより、毎回グループ内における個々の生徒の役割に変化がみられる。
　グループごとに生徒が質問を書き込むための用紙（グループ各1枚）と記入用ペンを配付する。
　ここでは、事前に生徒がそれぞれ準備してきた質問（リフレクションシートに事前に記入してくることになっている）を題材としてグループ内で質問を出し合い、KP法による教師からの説明で分かったことを共通の知識として、説明をし合うことで疑問の解決をしていく。生徒同士のグループ活動の中で解決できなかったこと、教師の意見を聴きたいこと、もっと深く突っ込んでみたいことについて、グループごとに1～3個記入し、前に掲示し発表する。ただ掲示するだけではなく、その質問の意図を説明する。その段階で、他のグループから各質問に対する質問が出ることもある。また、教師の方からも突っ込みを入れることもある。生徒同士のやり取りのなかで解決してしまう問題もある。また、ここで出た質問事項は、定期考査等の問題作成に利用できる。
　なお、この各グループの発表するタイミングで、前回配付したリフレクションシートを回収し、新しいリフレクションシートを配る。

教師からの質問への回答及び解説
　グループ活動において、各グループから出された質問・疑問の回答をしていく。しかし、調べればすぐに答えがでるような質問事項については、教師から「自分で調べよう」と言うだけで、ここでは答えない。いろいろな考えがあり、さまざまな方向から考え、生徒の質問・疑問から考えを拡げていくように、回答は最小限に抑えながら進めているが、社

会的な課題に興味を失うことがないように回答する際は細かいことまで解説する。

リフレクションシートへの記入と「生徒の授業準備」

　授業の最後に、きょうの授業の振り返りを行う。ここで使っているリフレクションシートは、今回の授業の振り返りと次回の予習を兼ねたプリントになっている。

　授業の終わりには、今回の授業内容(国際社会と日本)に関して、①「新しく知ったこと」「よくわかったこと」「関心を持ったこと」と、②「疑問に残ったこと」「さらに深く考えたことや聞いておきたいこと」を記入し、次の【理解深化】の時間のホット・シーティングに備える形になっている。さらに、後半は、次回の予習(授業準備)にあたる部分の記入欄となっている。ここにあるリフレクションシート(右ページ写真参照)は、前回の授業時に配付したものである。

教師が事前に準備しているもの

　KP法で利用するホワイトボード(黒板でも可)、KPプリント、ホット・シーティング用の椅子(質問を受ける人数分・今回は2脚)、生徒が記入し掲出するための用紙及び記入用のペン(グループ数分)、トランプ(グループ分け用)、リフレクションシート(生徒人数分)。

質問を準備させることの意義

　ひとつは、予習を促す意味がある。教科書をただ読むだけではなく、読む意味を与えることによって、「読んで来よう」という気持ちを作っていく。もうひとつは、興味を感じるようになることへの期待である。事前にある程度の知識を持つことによって、また他にどのような質問が出るか想像することによって、生徒個人の関心が高まることが期待できる。

「アクティブラーニング型授業」にKP法を活用することによる変化

　短時間で基本知識をしっかり伝えることができる。さらに、生徒に注意を向け続けることができる。そのため、説明時も生徒が常に集中して聴くようになり、質疑応答が活発になった。グループ活動においても、一部の生徒が活動しているというのではなくクラス全体で積極的に取り組むようになってきた。

多彩でDEEPな思考活動を支えるKP法

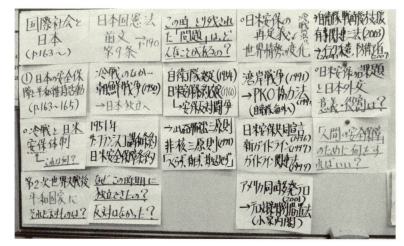

前回授業時に配付のリフレクションシート。下半分は、今時の予習項目となっている

KP法による説明が終わったとき

この授業実践は、次のサイトから動画を視聴することができるので関心のある方はご覧ください。

http://find-activelearning.com/set/142

KP法を活用して中学から高校への移行をスムーズにする授業
―「中学公民」から「政治・経済」へ―

氏　名	前川　修一（まえかわ・しゅういち）	担当教科	社会、地理歴史科、公民科
学校名	明光学園中・高等学校	教員歴	23年

教　科	中学社会（公民的分野）	対象学年	中3	生徒数	32
単　元	人権保障と法の支配					
使用教科書	（高等学校）政治・経済（第一学習社）				

▶当該授業の目的と目標

中高一貫校の数多くの学校で、高校学習内容の「先取り」授業が行われている。本校でも「社会（公民）」を中学3年の2学期（多くの場合11月中）に終了し、そのまま高校1年で履修予定の「政治・経済」の内容に移行している。中学で比較的アクティブに学習した「公民」授業から、教科書の分量・語彙数の上で一気に難度が高くなる「政治・経済」に、スムーズにつなげるのがこの授業の目的である。

▶授業の狙い、キャッチフレーズ

ＫＰ法を活用して中学から高校への移行をスムーズに
〜「中学公民」から「政治・経済」へ〜

▶ＫＰ法の使用方法

教師側は、本日の問いおよび単元の概説。生徒側は、グループごとに分担した内容のプレゼンおよび個人でのまとめ（ミニKP）の主要な部分で使用する。

▶ＫＰ法を使用することになった理由

KP法を取り入れた先達の授業を見学したり、川嶋直さんのセミナーを受講する中で、①アクティブラーニング型授業での生徒の活動時間が確保でき、②思考を整理するのに最適なツールであると確信した。①は特に社会科に必要な授業内容の精選に有効で、短時間で過不足のない概要説明ができる。②は1行10文字の制約を与えることで、否応なく思考の整理が促されるので、学習内容の定着に有効であると判断し、とり入れるに至った。

▶授業の流れ

通常の授業でのパターン

内容	本日の問いの提示と単元の説明	エキスパート活動（ミニKPの作成）	ジグソー活動（ミニKPによる説明）	本日の学びの確認	リフレクション	計50分
	10分	15分	10分	10分	5分	
教材	KP法、板書	ミニKPシート	ミニKPシート	プリントorワーク	リフレクションシート	

2時間連続授業でのパターン・本時

内容	本日の問いの提示と単元の説明	グループ活動（KPの作成）	KPによるポスターツアー（KPPT）	本日の学びの確認	リフレクション	計100分
	15分	35分	35分	10分	5分	
教材	KP法、板書	KP法	KP法	プリントorワーク	リフレクションシート	

授業の大まかな流れ（タイムテーブル）

　私は、年間を通した学習目標として「頭の中に『思考』の森をつくる」、態度目標として「異なる意見を受け入れる」「他者を尊重する（Men for Others）」を掲げている。今回も傾聴の姿勢を強調した。

　今回取り上げる授業単元は、「政治・経済」に移行して2時間目の「人権保障と法の支配」である。教科書にして8ページ分のボリュームのある単元内容だが、2時間続きの授業（計100分）を利用し、小項目をグループごとにKPにまとめてプレゼンし、これをポスターツアー風に聞いて回る、いわゆる溝上広樹さん考案のKPPT（KPポスターツアー）法（117～119ページ参照）を採用して全体をデザインした。タイムテーブルは以下のとおりである。

① **本日の問いの提示と単元の説明**（KP法による）　15分
　（問いの内容＝「国家と政治は国民を救うか？」）

② **ジグソー法によるエキスパート活動**　35分
　単元の小項目「社会契約説」・「権力分立論／法の支配の原則」・「基本的人権の成立」・「人権保障の広がり」・「人権の国際的保障」からA～Eの5つの班（1班6～7名）が重ならないようにテーマを選び、プレゼン用のKPを作成する。
　（※ジグソー法については、第2章51ページ註14を参照）

③ **ジグソー活動（KP法によるKPPT）**　35分
　1つの班の人員を分解して5つのツアーグループをつくる。A～Eのテーブルには元の班のメンバーが1名（ないし2名）だけ残り、作成したKPを机上に広げてプレゼンする（2名の場合は分担するか、どちらか1名がプレゼンする）。1つのグループのプレゼン後、全体で時計回りに次のテーブルに移動し、それぞれの元のメンバーがプレゼンするのを聞く。7分×5ラウンド

全員が当事者意識を発揮するKPPT

で、正味5分。2分は移動などにあてる。

④ **本日の学びの確認　10分**
もとの班に戻り、KPPTの内容を思い出しながら、ワーク「政治・経済ノート」の該当箇所を解答し、おさらいする。わからないところはグループ内で聞きあい、共有する。

⑤ **リフレクション　5分**
リフレクションシートを記入する。本日の問いに対する自分なりの答えも書き、提出する。

授業実施についてのルール

各グループのKP作成については、枚数10枚以内、1行11文字以下×3行を原則とし、KPの並べ方、説明の方法についてはグループに任せた（KP用紙のサイズはスペースを考慮し、B5判とした）。使用する水性マーカーの色は3色以内にとどめた。

また、事前にミニKPシートを配布し、まず個人でKPのあらましをつくり、他者と照合する形でまとめるように指示し

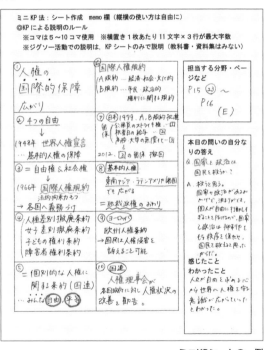

ミニKPシートの一例

た。なるべくメンバー全員のアイデアがKPに活かされるように心がけ、プレゼンの段取りは全員が練習できるように時間の配慮を促した。

本時授業の特長とKP法

タレントの独立騒ぎにヒントを得たKP

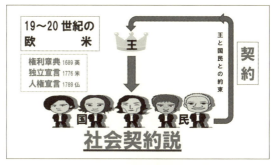

難しい内容をKP法でわかりやすく

　先に述べたように、この授業「人権保障と法の支配」は内容的にもかなりのボリュームのある単元である。ホッブズ、ルソー、モンテスキューなどの社会思想家の説明から、マグナ・カルタに始まる民主主義の発達に関する時系列的整理、王権神授説から社会契約論にいたる思想的パラダイムの転換、基本的人権のあらましとその国際的保障の実際まで、実に数多くの理解すべき用語・内容に満ちている。

　中学生は、これまでの社会（公民的分野）で東京書籍版『新編新しい社会・公民』に慣れ親しんできた。この教科書はアクティブラーニング型授業にきわめて適した教科書で、内容の精選はもとより、問いの設定など各単元にグループ学習へのアプローチが具体的に施されており、段階を追って無理なく内容に入り込んでいく余裕があった。

　中学生にとって年度途中の高校「政治・経済」への移行は、分量の面でハードルが高いと考えられるが、このギャップを埋める効果をもつのが授業ツールとしてのKP法といえよう。すなわち、KPを使って思考の整理と言語化による学習内容の深い理解に至るとともに、他者の発表を聴くことによってイメージをおおづかみにし、ワークによって跡付けることにより定着をはかることができる。つまり、これまでのインタラクティブな学習の習慣を再現でき、しかも高度な内容を短時間で消化・理

解することができるのである。

KP法の活用による生徒の変化と感想

リフレクションシートに記入された生徒の代表的な感想としては、「KP法やジグソー活動はとても楽しく、学ぼうとする態度や意欲が、みんなにも自分にもみられたと思います」、「自分でKPを作るのは簡単だけど、みんなで意見を合わせて作っていくというのは難しかった」などが挙げられた。前者は、高校の内容で

協力して1つのKPを作りあげる

あってもこれまでの協働的な学習の楽しさが、後者は協働することの難しさと大事さが実感されていることの証左といえよう。

また、別時間に挙げられた感想の中にも、「自分の思いもかけなかったアイデアや意見を聞くことができ、あらためて自分自身をふりかえることができました」、「短い言葉で表現するのは難しかったけど、みんなで一生懸命に考えたおかげで、だんだん慣れてきました」などとあり、協力してKPの作成にあたる過程で、自己のメタ認知と思考の整理につながったことがわかる。

授業で大事にしていること

カトリックの女子校である本校の校是は「愛と奉仕」であり、常に他者を尊重する態度が求められてきた。他者の意見を傾聴し、自らの思考を深め、さらに協働して何かを成し遂げる過程が大事だと考えている。そのために、①役割分担をしてフリーライダーをつくらない、②時間内に終わらせる、③全員の意見をどこかに反映させる、④個人思考の時間を取る、⑤成果物はしばらく保管しておきあとで振り返る、などを守ら

プレゼンのためのアイデアを出し合う

せてきた。目的を共有する意識が、余計な時間をつくらない雰囲気につながってもいて嬉しい限りである。

今後の授業展開

中学社会(公民)では、経済プレゼンテーションやディベートでもKP法を用いてプレゼンテーションする訓練を行い、生徒たちはひととおりの発表スタイルをマスターしている。高校の内容では、さらにこれを応用して知識の習得・活用の幅を広げたいところである。分量の多い高校の教科書なればこそ、内容の精選と思考の整理に役立つKP法の真価が発揮されるように思う。

板書は左列に授業の流れ、中央から右へ概要を整理

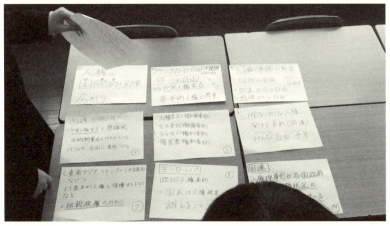

グループごとのKPは並べ方や説明の順番も工夫

自立した学習者が育つ授業のための KP法の活用場面

氏名	米元 洋次（よねもと・ようじ）	担当教科	英語科
学校名	専修大学附属高等学校	教員歴	7年

教科	英語科	科目	英語表現Ⅰ、Ⅱ	対象学年	高2	生徒数	40程度
単元	比較（最上級）、話法							
使用教科書	Vision Quest English ExpressionⅠ、Ⅱ（啓林館）							

▶当該授業の目的と目標
①英語における「最上級」を表す表現方法を幅広く習得するために、「最上級」以外の形を使った表現パターンを身に付ける。
②人のセリフをそのまま伝える「直接話法」と、伝聞する形で伝える「間接話法」について、代名詞や時制の変化に注意しながら適切に使い分けられるようになるために、それぞれの話法の基本的な考え方を知る。

▶授業の狙い、キャッチフレーズ
Enjoy making mistakes!／きくはきく、はなすははなす（※第2章40ページも参照）／人の多様性＝コラボ

▶KP法の使用方法
①KPシートを横に並べて提示することで、英文の構造を視覚的に捉えたり、1枚1枚のシート相互の関連性を捉えやすくしたりした。
②「直接話法」と「間接話法」それぞれの型の例を左右に対比して並べることで、2種類の表現の違いや変化が見えやすくなるようにした。

▶KP法を使用することになった理由
生徒自身の体験的な学びや、生徒間の協働を通した気づきの場面を授業内に設定するには、教員の講義や流れの説明の時間をコンパクトにする必要があった。用意したKPシートを構造的に並べられる点、聴き手である生徒に意識を向けながら話せる点等で効果的であると考えた。

▶授業の流れ

KP法による講義を学習活動前に行うパターン

内容	本日のゴールの提示と流れの説明	ウォーム・アップ	基本的な考え方の確認	生徒主体の学習活動	振り返り	計50分
	10分	3分	10分	20分	7分	
教材	板書、プリント		KP法	教科書、プリント	プリント	

KP法による講義を学習活動後に行うパターン

内容	本日のゴールの提示と流れの説明	ウォーム・アップ	生徒主体の学習活動	学習内容の解説	振り返り	計50分
	10分	3分	20分	10分	7分	
教材	板書、プリント		教科書、プリント	KP法	プリント	

授業で大事にしていること

筆者は、担当する授業の目的を「自立した学習者を育てる」ことと設定している。それは、教師が自分の示す答えを生徒に教え込み、教師が敷いたレールの上を生徒に歩かせるのではなく、学びの主体である生徒自身が自ら学び方を模索し、間違えることも含めて体験的に学び気づくことを意味している。そんな「自立した学習者」となるための体験的な学びを提供するには、教師は生徒の学びを見守り、待つ必要があり、それには時間が必要である。教師が必要最小限の講義をコンパクトに、かつ効果的に行う方法として、KP法は大変役立つものだと考えている。

教師の事前準備

教師が授業の前に用意しておくものは、講義用のKPセットと情報提供用の配付資料、授業の最後に取り組む振り返りシートなどである。授業において生徒が課題に取り組んだり振り返りを行ったりするにあたり、教師はその単元の大枠の考え方・捉え方をKP法で提示し、関連する具体的な資料を配付して情報提供することになる。講義で使用するKPセットは、手書きで用意することもあるが基本的にはPowerPointで作成している。配付資料には網羅的に情報を載

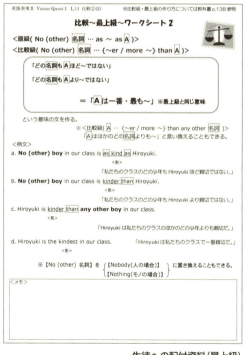

生徒への配付資料（最上級）

せることで、生徒がその資料の内容を選別しながら課題に臨み、自分なりの学び方を身に付けられるように試みた。

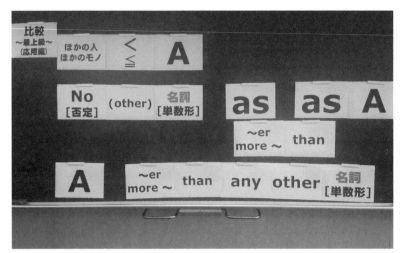

講義に使用したKP(最上級)

講義に使用したKP(話法)

自立した学習者が育つ授業のためのKP法の活用場面

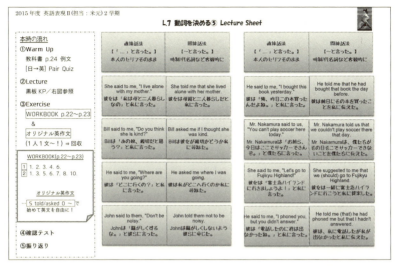

生徒への配付資料（話法）

KP法で授業への臨み方を示す

　前述のような目的をもって授業を展開する際、「この授業はどんな授業なのか」「この授業では生徒は何をするのか」といった授業への臨み方について、年度や学期当初に生徒に丁寧に伝える必要がある。筆者は、オリエンテーションにあたる年度当初の授業においてKP法を使って教師の姿勢・あり方について説明した。内容に相当の情報量があったが、KP法によってコンパクトに提示することができた。

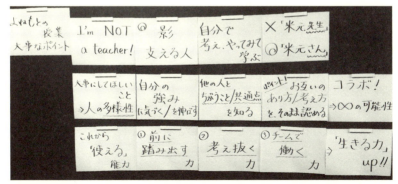

オリエンテーション授業時に提示したKP

167

Padletを活用したオンラインでのKPセットの共有

　授業中に提示した情報に生徒がいつでもアクセスできるようになれば、主体的な学びのきっかけを授業外にも設けることができる。そこで筆者が活用しているのが、オンライン上で写真や文書などのファイルを共有できるウェブサービス「Padlet（https://ja.padlet.com/）」である。これを使えば、アカウントを作成するのは教師のみで、生徒は自分のアカウントを用意することなく内容を閲覧・編集することができるため、手軽に活用することができる。筆者は完成したKPセットの写真をこちらにアップロードし、ウェブページのQRコードを配付することで生徒が自由に内容を確認できるようにしている。

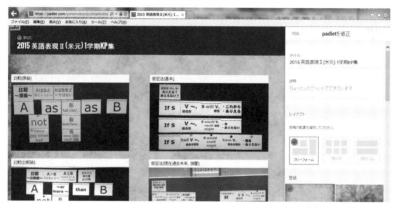

ウェブサービス「Padlet」

KPセット作成時の留意点

　KP法で講義を行う際、「どの生徒にも見えているか」「伝わりやすいか」に注力する必要がある。KP法による説明が生徒に伝わっていなければ意味がない。生徒や同僚の教師、授業見学にお越しいただいた方などから意見を聞きながら得られた、KPセット作成時に留意すべき点について触れておきたい。

　まず、1枚のKPシートをどう使うかである。1枚に盛り込む情報量が多すぎては、大事なポイントがつかみにくくなる。いかに書き込む情報を絞るかが肝要である。英語授業においては、複数枚のKPシートをつないで見せることで、1文の構造を視覚的に捉えやすくすることもできる。

次に、どのように文字やKPシートを配置するかが重要である。見やすいKP作成のためには、適度な文字の太さや余白が求められるため、フォントの種類、サイズ、文字の位置に配慮する必要がある。KPシートの並べ方にも意味をもたせることで、生徒への伝わりやすさも変わってくる。試行錯誤しながらあらゆる工夫を凝らして、相手に伝わるKPを心がけたい。

生徒がKP法を活用する

　KP法は、教師の講義のほかに生徒の表現活動の方法として活用することができる。KPセット作成中は自身の思考整理が促され、それを人に伝えることで学習内容の深い理解が期待でき、他の生徒のプレゼンテーションを見て聴くことで多様な伝え方に気づくこともできる。KP法によるプレゼンテーション活動そのものが生徒を協働的で深い学びに導くことができるのである。筆者は、同僚教師の実践からアイディアを得、主に文法の既習内容の復習授業において、3行×5列のマス目が印刷された「KPシート」を生徒に配付し、色使いやレイアウトなどについて制約を設けずに学習内容の整理と発表活動を行わせている。KPシート作成中は黙々と、発表中は工夫を凝らして、効果的に相手に伝わる説明を心がけながら活動に取り組む生徒の様子を見ることができる。

生徒作成の「KPシート」

生徒の思考整理ツールとしてのKP法

氏名	木村 裕美 (きむら・ゆみ)	担当教科	家庭科
学校名	東京都立駒場高校	教員歴	22年

教科	家庭科	科目	家庭基礎	対象学年	高2	生徒数	40
単元	第1章 人の一生と家族・福祉 青年期の課題とは							
使用教科書	最新家庭基礎 生活を科学する（教育図書）							

▶当該授業の目的と目標

人の一生を生涯発達の視点で捉え、各ライフステージの特徴と課題について理解させるとともに、家庭や家族生活の在り方、子どもと高齢者の生活と福祉について考えさせ、共に支え合って生活することの重要性について認識させる。また、家庭や地域の生活を創造するために自己の意思決定に基づき、責任を持って行動することができるようになる。

▶授業の狙い、キャッチフレーズ

チーム活動で発揮するリーダーシップとは？

▶KP法の使用方法

教師のショートレクチャーの補助、チーム活動の成果発表

▶KP法を使用することになった理由

教師のショートレクチャーの補助的提示を板書で行っていたが、板書時間ロス（教師の書く作業・生徒の書き写す作業）を減らしたいと検討していたところ、KP法に出会った。パワーポイントでは表現できないアナログ感と授業の即興性に対応する幅の広さは格別である。また、生徒の発表サポート資料として、論理的に文章を構成するアイテムとして有効であるから。

▶授業の流れ

授業で大事にしている事

　家庭科では、あらゆる科学の最先端の知識と、昔から伝わる伝統の知識や技術を使って生活を捉える力を育てることに重点を置いている。生活に必要な技術は、一度でも体験しているかどうかで大きな違いが生まれるので、体験型の授業を多く取り入れている。その過程での学びが授業内に留まらず、次の授業はもちろん、家庭科以外の授業や部活動等、家庭生活と関連付けられたらせん状の学びに繋がるような授業設計を心掛けている。その過程で思考の言語化は重要であり、その工程を授業に組み込むことに重点を置いている。

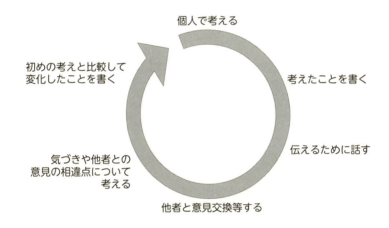

授業実施にあたり設定するルール

①一期一会の精神でチーム活動を行う。

　チーム活動を行う場合は、毎時間メンバーを組み替える。課題によって、男女比や席の並び等を変化させる等、役割・カースト等固定的な組織を作らず、多様なメンバーとのチーム活動ができるように工夫をしている。

◎チーム活動をなぜ行うのかを丁寧に説明することは大切である。

②失敗に価値あり。まずはやってみる。

　失敗の価値を認める空間を作る。結果が得られなかった時の残念さではなく、成長への気づきの機会であることを共有する。

③場を共有する意識を持つ。

　仲間のお互いの良いところを引き出し合う、高め合うことを共通の目的にする。

教室の環境整備
①被服室を活用(4人×10班編成)
→広い空間を活用することができ、普段の教室とは違った環境にすることで、学習態度恒常性維持の打破を狙う。
②パソコン・プロジェクター使用
→KP法とパワーポイントとのハイブリット使用(教師のショートレクチャー用)
☆それぞれの利点を組み合わせることにより、効果をさらに高めることができる。
③ホワイトボードの使用
→意見交換の内容を可視化することができる。(KP法活用の前段階)

教師の事前準備について
①パワーポイント・KP法原稿制作
②配布プリント作成
☆私はKP法の原稿を貼る時にマグネットを上手に扱えないので、KP法の原稿の裏にマグネットテープを貼っている。マグネットテープを貼りつける前に、紙の下地にセロハンテープを貼っておくとはがしやすくなり、再利用できるようになる。(マグネットテープは100円ショップで購入できる。)

KP法を使用するにあたっての具体的な使いどころ
教師：授業はパワーポイントを使用して概要説明しているが、視覚に訴える効果はあるが、どうしても伝えたいことが多くなり情報の洪水を起こしやすいので、その点を補うためにKP法を活用している。KP法は話した内容の軌跡を残せることが最大の利点であり、生徒の理解度や授業時間に対応したものが簡単に製作できるところも良い。また、KP法は情報量が制限されるので、生徒に考える余裕

や安心感を持たせることが可能になる。さらに、デジタルとアナログを融合させることによって、どちらか一方を使用するより効果も上がり、生徒からの評判も良い。

生徒：主に、チーム学習の成果発表資料として活用している。授業では意見交換した内容等を発表する機会を多く設けているが、生徒は発表慣れしておらず緊張し、伝えたいことが整理できずに内容が支離滅裂になる場合が多々ある。そこで、思考を整理するサポート資料としてKP法を活用している。まず、伝えたい内容からキーワードを抽出させる。そのキーワードを用いてKP法の資料を製作させ、その資料をもとに発表内容を整理させると、論理的に内容を構築することができる。また、少人数での発表の時には黒板に貼りつけず、紙芝居のようにめくりながら説明することで発表する生徒の安心感にも繋がり、発表の質を高めることができる。紙芝居は幼児期に体験している生徒が多いので親しみを持って取り組んでいる（生徒は古い形なのに新しい発表だよね！と言っている）。

KP法を活用するに至った経緯

　授業の質を高めるために、授業説明の時間をいかにコンパクトにし、わかりやすく説明できるようにできるかということを模索していたところ、KP法の本に出会った。本の中に「言ったら伝わるは伝える側の傲慢」「たくさん教えて満足するのは伝える側だけ」という文章にハッとした。まさに私のことを指しており、教えることに対する視点を変えるきっかけとなった。すぐに次の日の授業説明から使用したところ、KP法の資料製作の過程で思考が整理されることを実感し、その結果、話す内容も精選された。

　また、思考整理できるということは生徒にこそ有効なアイテムであることに気づき、さらに今まで発表資料製作は画用紙や模造紙を使用し時間をかけていたが、KP法であればコストも抑えて、短時間（最短5分で！）で製作できる点も授業導入を後押しした。

授業以外でのKP法の使いどころ
ホームルーム活動で使用
　ホームルーム活動で伝えたいテーマを決め、そのテーマに沿って毎朝のショートホームルームで1枚の紙にキーワードを記入し、20秒で説明し、その紙を教室の後ろに掲示する。1週間分(5枚)たまったら、ホームルーム活動で5枚の用紙を基にKP法でレクチャーする。これにより、点を線で繋げることができ、生徒により効果的なアプローチができる。

失敗体験：教師編
①かっこよく貼れない！
　マグネットを使って片手でかっこよく貼ろうとするとそちらに気が取られてしまって説明に集中できなくなり、その焦りで貼る順番や何を話しているのかわからなくなってしまった(貼る練習が必要！)。
②昔ながらの手法を使う機械音痴な人だと思われる！
　KP法はその用途を理解すると非常に有効な手法だが、その良さを伝えきれないと、パワーポイントが使えない機械音痴な人だと思われる。
　実際に教師向け研修会(全国版)でKP法を使用したら、感想に「せっかく東京の研修会に参加したのに、アナログでがっかりしました。情報機器ぐらい使いこなせる講師にしてほしい」と書かれてしまった。

KP法を活用することによる私の変化
　KP法を実践するようになって、説明内容が簡潔になった。生徒から「わかりやすい」「アナウンサーみたい」「説明が上手ですね」というコメントを貰えるようになった。また、説明する内容の構造化と時間配分を常に意識化するようになったので(5枚を2分で話そうとか)、KP法を始める前よりも制限時間内で説明をすることができるようになり、熱くなっても暴走しないようになった。

生徒の思考整理ツールとしてのKP法

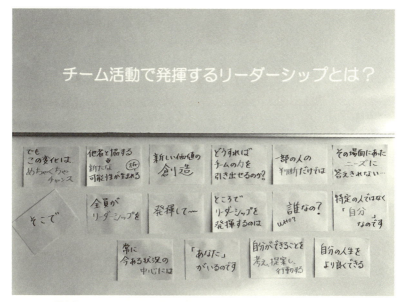

（教師）ショートレクチャー用のパワーポイントとKP法を使ったハイブリット表示例

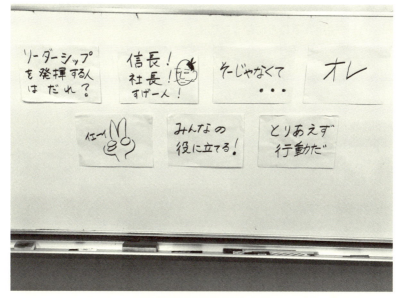

（生徒）授業での学びを5分でまとめて1分で発表！用シート

実習内容も進捗状況をも可視化するKP法の活用

氏　名	辻 さやか (つじ・さやか)	担当教科	技術・家庭科
学校名	福岡市立原中央中学校	教員歴	17年

教科 技術・家庭科(技術分野)、エネルギー変換に関する技術
対象学年 中2　**生徒数** 36　**単元** 電気製品を作ってみよう
使用教科書 技術・家庭　技術分野(開隆堂)

▶当該授業の目的と目標
技術を適切に評価し活用する能力と態度を育成するために、電気製品の製作を通して電気製品の組立・調整や電気回路の配線・点検の技能を身に着けさせる。また、チームで取り組むことで時間内に全員が目標達成することを目指す。

▶授業の狙い、キャッチフレーズ
チーム力を磨き、時間内に全員が作業を完了させよう。
助け合い、学び合いOK。

▶KP法の使用方法
実習時間を長くとるためにKP法を活用して簡単に手順を説明する。

▶KP法を使用することになった理由
KPを使うことで説明書では間違えやすい内容も常に掲示しておくことができる。また、班名カードを活用することでどの班がどの程度作業ができているか可視化できる。それにより遅れている班に対しては直接確認し、作業が遅れている生徒が何に困っているか、どうサポートすればよいかをリーダーに考えさせることができる。

▶授業の流れ

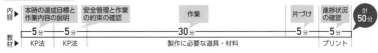

授業で大事にしていること

　製作や実習の多い技術科の授業では、「限られた時間と予算とメンバーで最高のものを作り上げる」を合言葉に授業を進めている。道具の使い方などの個人の技術を身に着けるだけでなく、どうすればチームで1つのミスもなく最高のものを作ることができるかといったチーム力も育てたいと思っている。そのため、説明はできるだけ簡単に済ませ、後は子どもたちに考えさせる。一つひとつの作業においても誰がどの順番でどこの位置で作業するか、その工夫一つで作業は効率化し、全員がある程度の技術を身に着け、全員がお互いの力で達成できたという気持ちを持つことができる。技術科の授業を通して、子どもたちが自分で考え仲間と関わりながら技術を身に着け成長し合う集団を作りたいと考えている。

授業実施にあたり設定するルール

①全員できてから1コマ進める。
　作業内容をいくつかに区切り、班全員ができてから次の作業に移るようにする。それにより必然的に道具を共有して使ったり、作業に苦戦している子をサポートしたりする体制が生まれる。

②うまくいく方法は1人にしか教えない
　最初の1人が聞いてきた場合のみ教えるが、同じ内容の質問については答えない。正解を知っている子どもを指名し、そのあとは子ども同士で解決するように仕向ける。

③合言葉を繰り返す
　「『限られた時間と予算とメンバーで最高のものを作り上げる』、そうして日本は技術立国とまで言われるようになった。」と繰り返し伝え、ものづくりにおいてもチームプレーが必要なことを意識させる。

授業の大まかな流れ

　説明は極力短くする。安全面については赤文字で、説明書にない分の補足は青文字で、と色分けしておく。簡単に説明したあとは子どもたちで考えさせながら作業を進める。残り10分で声をかけ片づけを促す。片づけも班全員で協力させる。最後に各班の進捗状況を確認させ、なぜその班がうまくいったのかを検証する。

KP法を使用する場面の具体的な使いどころ

　KPのシートの下には「学習」「整美」「図文」などの班名カードを置き、1つ終わるごとにカードを動かしていく。可視化することで、各班の作業の進捗状況も全員で確認できるようにした。

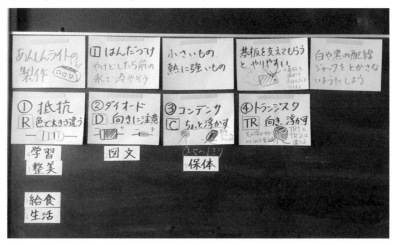

KP法を活用することによる教師の変化と感想

　スライドを作っておくと、あらかじめ決めた順番通りに授業を進めてしまうが、KP法であればその場その時の子どもたちの様子によって順番を変更することが簡単である。また、説明をするときに生徒の視線が教員に集まることで子どもたちがどの程度理解しているかを確認することができる。特に安全面の説明においては、貼ったあとに指差ししながら気になる生徒に向けて話をすることで印象付けることができた。

KP法を活用することによる生徒の変化と感想

　プロジェクタによる投影に比べると教室を明るく保ったまま説明することができ、子どもたちも説明書を見ながら必要事項を書き留めることができている。また、アナログ要素が強いことも親近感を与えるようで、子どもたちの視線も上がってきた。実際にやっている作業内容がアナログのため分かりやすいという声も上がっている。

KP法の失敗体験
①先生、これって斜めにつけるんですか？
　実習中、ある女子生徒がKPを見に来た。首を傾けている。「ちょっと浮かせて、斜めにすればいいんですか」と言われた。紙のスペースに収まるようにコンデンサを斜めに書いておいたところ、そのイラスト通りにはんだ付けしなければいけないと思った素直な生徒の心情の現れである。すぐに書き直した。一枚のKPのレイアウトは重要である。
②何を書いたらいいんですか？
　まとめのときに「チームプレーがうまくできた班」に口頭だけで発表させると、他の生徒が、授業のワークシートに何を書いたらいいかわからないという。チームプレーがうまくいき作業が早く終わった班にはKPにまとめさせ、最後に貼りながら発表してもらうことにした。

授業以外でのKP法の使いどころ
①連絡事項としての活用
　職朝(職員朝礼)で伝えることが多数あった場合は、その場でペンで走り書きしておく。朝の会で生徒に説明する際、順番に黒板に掲示していく。説明が終わったら、その日一日掲示しておいたほうが良いと思うシートを学級委員に選ばせ、背面黒板に貼らせておく。
　子どもたち自身に選ばせることで情報の取捨選択能力を育てている。
②研修会での活用
　職員研修会では、趣旨を説明したのち学年会や教科部会に移行し、移動する場合が多い。そのためパソコンやプロジェクタの準備なしにできるKP法は有効である。言いたいことが明確になるだけではなく、PCなどを利用しないプレゼンテーションの1つとしても宣伝できる。
③出前授業での活用
　小学校に出前授業を依頼された際、たった45分の授業のためにPCを持参するのも面倒だしプロジェクタを準備してもらうのも気が引ける。そんなときにKP法を活用する。指示も明確で子どもたちも作業に集中できる。
④考えを共有するための活用
　キャリア教育の中で使用した。教師が説明するだけではなく、教師が

出した「お題」に対して班で話し合ったキーワードを1枚に書かせ発表させる。

　貼り方を工夫することで、よりまとまりのあるイメージをつかませることができる。

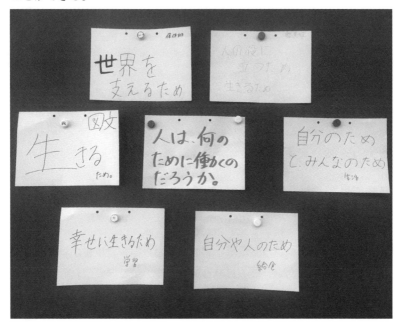

ホワイトボードも活用したKP法の授業

　「材料と加工法」の単元では、「教室の机と椅子を観察し、使ってある材料とその理由について気付いた事について考えを書く」をテーマで写真のように行った。対象は中学1年生で、コピー用紙を渡すと緊張して書けなかったため、ホワイトボードに書かせるようにした。

　間違っても消せるということ、1枚だけ書けばよいということから、書くことに対して苦手意識も減り、「書いて消して」を繰り返しながら班で出た活発な意見をまとめていた。

　まとめは黒板の2枚目を使い、簡単なKP法で行った。

今後の課題

　自分自身まだまだ色使いや文字・イラストに課題がある。構成自体も勉強していきたい。
　子どもたちはまだ用紙やホワイトボード１枚の簡単なプレゼンしかできていないが、将来的にはKP法を使ってプレゼンさせる授業をしたい。

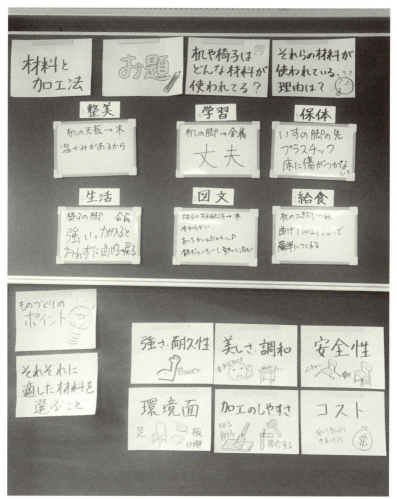

学びの場を
リ・デザインするKP法

大学の講義 編

氏 名	小峰 直史 (こみね・なおふみ)	担当科目	教職課程科目、文学部専門科目 他
学校名	専修大学文学部	教員歴	高校11年、大学17年 計28年

科目	「教職入門」(教職課程の導入科目)「ワークショップ演習ベーシック」(文学部の専門科目)
対象学年	「教職入門」大1、「ワークショップ演習ベーシック」大2〜4
学生数	「教職入門」約70 「ワークショップ演習ベーシック」10〜15

▶当該授業の目的と目標
「教職入門」
　①教職の意義や使命について理解を深めることができるようになる。
　②教職に就くために大学生活のデザインができるようになる。
「ワークショップ演習ベーシック」
　①ワークショップが大切にする理念や方法論を理解する。
　②ワークショップという学びと創造の世界の可能性に気づく。
　③グループワークを通して、自己、他者、グループとのかかわり方を学べる。

▶授業の狙い、キャッチフレーズ
学生は①体験から学ぶ②お互いから学ぶ③楽しみながら学ぶを、私はより大切にを誓う。

▶KP法の使用方法
基本的な知識の提示、協同的学びの成果のシェアとして。

▶KP法を使用することになった理由
大学の講義時間90分にワークショップを導入すると、十分にふりかえりと分かち合いの時間をとることが難題であった。KP法を使い学説、要点など伝えたい必須知識をコンパクトに抑えることができ、課題であった時間を確保しやすくなった。

▶授業の流れ

182

ファシリテーター修行の道程でKP法と出会う

「俺たちはバカだから、一生懸命教えても無駄だよ」。11年間勤務した教育「困難」校で、私はこの言葉と闘ってきた。

反りが合わないクラスメイトには攻撃か無関心を決め込んでいた生徒たちがいた。学ぶことに意欲を失っている若者たちも多数いた。教師である私をみな敵としてぶつかってくることもあった。時に自嘲的に、時に激しく自分を否定している青年たちがいた。しかし、授業や特別活動などの学校生活を通して生徒たち同士、生徒たちと私との関わり方の量と質が変わると、学びあう美しい姿と出会うことが山ほどあった。生徒たちは、プリント紙上討論や作文など「書く」という行為を通して、仲間の生きるしんどさや苦しさをわかりあい、自己や仲間を再発見し、伸びていった[1]。「困難」校は若者たちが自信を回復する最後の砦の1つである。

その後、教職課程で教える機会を得る。傷ついている生徒に寄り添う教師を育てることが、若者の幸せにつながるという志で授業を構想する。それを実現する「仕掛け」がワークショップである。全授業でワークショップを採用した。ワークショップは学習者中心の教育方法である。ワークショップは他者の考えや価値観に触れたり、自分や他者を見つめ直すことができるチャンスを与えてくれる。教師としてのスキルとあり方を鍛える学習方法である。

学生の学びを支えるにはファシリテーターとしての力量を上げなければならない。修行のために参加した2001年キープ協会の「第3回環境教育指導者のための体験学習法セミナー」で、私は川嶋直さんのKP法と出会った。

「出会い系」授業始動！そして次の地平へ

毎回メンバーを入れ替え単発型のワークショップを行う。半期15講義中10回目前後からはグループのメンバーを固定し、課題解決型のワークショップを行うのが私の授業のやり方である。

---

[1] これらの実践は拙稿「作文指導による生徒の活性化」『高等学校教育研究奨励発表会研究報告書』東京都教育庁指導部、1990年。「彼にとってHRとはなんだったのか」『高校生活指導』青木書店、124号、1995年参照のこと。

写真1と2に示すようなワークショップを実施するには、机と椅子が可動式の教室を確保しなければならない。2000年代初め(まで)の日本の文系大学では、トークとチョーク1本(「先進」であると、パソコンとプロジェクター)あれば、講義ができるという「常識」があるため、教室確保から始まり、模造紙、付箋紙といった消耗品

写真1　動的ワークショップ　机と余分な椅子は全て教室の後ろに片付ける

写真2　静的ワークショップ　対話型ワークショップの場合

の調達に苦労している。単に講義が行われれば、自然と「学び」が起こるというファンタジーである。

閑話休題。授業内に組み込んだワークショップでは、誰とグループが一緒になるのかは偶然に任されている（くじ引き、ナンバリング法など）。たいていの学生は友人同士で固まって座るので、それが崩される瞬間、わずかの緊張と「素敵なあの人と一緒かも」とのほのかな期待が走る。学期後半は固定グループで課題解決実習を行う。その1カ月の過程で、意見の違い、モチベーションの差、授業外でのスケジュール調整を含めた葛藤も味わいつつ、課題解決に向けて対話を繰り返す。このプロセスで教職を志す仲間ができる。実習後には、「何がおこったのか」「それで何を感じ、考えたのか」「ではどうすれば良かったのか」を振り返り、共有

する。

　口さがない学生はこれらの授業を「出会い系」授業と称した。

　実のところ「出会い系」授業という名称は、半分嬉しく、半分不満である。というのも彼らが初めに期待する「出会い」では、自分の内面を見つめきれないからである。今私が目指しているのはモノローグを越えることである。学生一人ひとりが「あるーべし」教師像をより深く語り合うダイアローグが起こる学びの場を下支えすることである[2]。それこそが学習者中心の教育を目指す教員養成修行の基本であるからだ。

KP法効果
―時間作りからコミュニケーションのリ・デザインまで―

　182ページのパターンAは授業の基本型である。ここで実践事例として取り上げる教職課程の導入科目「教職入門」の狙いは次の2つである。縦糸としての狙いはファシリテーターとしての教師の関わり方を学ぶことである。横糸としての狙いは教室に集う者同士が学びあうことの効果を実感することである。縦糸横糸どちらが緩んでも、この授業がめざす21世紀に求められる教師という「布」が歪んだり縮んだりしてしまう。例えばこの科目の第2から3講では最初の20分でKP法を使い構成的グループエンカウンターの理論的背景と意義を講義する。その後、3から4種類の実習を体験する。分かち合いの時間を取り、最後の15分で「リフレクションシート」を記入し提出する。KP法は、講義で伝える情報をコンパクトに抑え、実習や体験を振り返る時間を産み出す。

　KP法の長所はそれだけに留まらない。授業という学びのコミュニケーションをリ・デザインすることもできる。

　受講者が40人を超えると実習直後の学びを教室全体で共有することが時間的にも難しくなってくる。そのような時、パターンBが有効である。学生がワークショップで考えたこと、学んだことをA4用紙に大きく書き出し、それらを黒板や壁に掲示し、閲覧する。わずかの時間で生成された知をメンバー全員で「ハーベスト（Harvest）」できるのである。KP

---

[2] V・E・フランクル『〈生きる意味〉を求めて』1999年、春秋社の5章でフランクルはエンカウンターグループの批判を展開している。この批判は私のファシリテーターとしてのあり方に影響を与えている。

写真3　KPH法でハーベスト

法は、教室で学ぶ者のアンケート調査としての機能を持たせることもできる。これから深く考えることへの自覚＝Attitudizing（態度付け）機能も持たせることができる。自分の価値観と他の受講者の価値観とを比較する機会ともなり、自分の考えの「常識」を揺さぶる場となる。さらには学生が作成したKP法を前にした教室全体の討論では、話題が空中戦とならず、ワークショップの成果（学生のマイセオリー）とフォーマルセオリーをつなげて解説することも容易となる。私はこの手法をKPH法（KP法でハーベスト＝収穫の意）と名付けて使っている。

　写真3は第6講で「良い子の条件」について各グループで対話したことをグループでＡ4用紙2枚程度にまとめ、共有したKPHである。似ている紙同士を近くに貼ることでグループ化し、グループ間の関係性も発見することができる。簡易版KJ法的に使うことで新たな気づきを促進することができる。なお学生が作成したＡ4の紙データは保存がしやすく、第12講で扱う「教師と子どもの視点のもつれ」でも再利用する。このようにKP法は、学生の考え（の変化や固定化）を見える化し、彼らの学びを豊かにするという効果もある。

KP法による知のお持ちかえり

　KP法は印刷機やスキャナーを活用することで、誰もが容易にその日の学びの成果物を持ちかえり、日常に役立てることを可能とする。
　一例を紹介する。文学部専門科目「ワークショップ演習ベーシック」では「フィードバックのあり方」をテーマとして3グループに分かれて

学びの場をリ・デザインするKP法

ダイアローグした。見出されたフィードバックのコツはグループごとにKP法を使い発表した。これらのシートを回収し、縮小コピーして翌週ハンドアウト「フィードバックの知恵集」(写真4)として配布した。模造紙を使い発表して終わりとの授業と比べ、知の成果を持ちかえれるためか対話の時間の学生の意欲と集中度は高く保たれた。この知恵集はその後の実習でもメンバーのフィードバックのあり方を見つめ直すことにも活用できた。

真似るからアレンジへ─学生がKP法の伝道師に─

　KP法は、パソコンとプロジェクターの準備の手間いらずのため、学生たちにとっても学び─教えの技法として受け入れやすい。彼らは、ゼミナールのプレゼンテーション、大学外のワークショップ、そして教育実習などの場面でKP法を積極的に活用し、その伝道師として活躍している(写真5)。

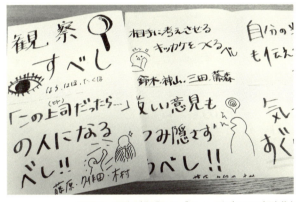

写真4　学生が作成した「フィードバックの知恵集」

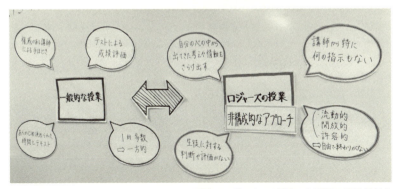

写真5　ゼミナール発表でPOP調のKP法登場！

KP法を生徒自身の思考整理に活用し学びを深める授業

小学生対象の学習塾 編 Part.1

氏名	加藤 兼浩（かとう・ともひろ）	担当教科	理科
所属	日能研	講師歴	14年

教科	理科	対象学年	小6	生徒数	27
単元	一定の条件のもとで必ず成立することがらをもとに現象を整理していく（音と速さ）					
使用教科書	日能研本科教室ステージⅣ（6年生前半）					

▶当該授業の目的と目標

目的）ことがらを整理する。

目標）テキスト本文にあることがらの全体を俯瞰することができるようになる。自分で選んだ部分を構造的に整理することができる。示されていることがらを抽象・捨象することによって他者に説明できるようになる。グループ内で合意形成し、グループメンバーの誰でもが発表できるようになる。考えることが何の役に立つのか意識を向けられるようになる。

▶授業の狙い、キャッチフレーズ

要素を再構造化（整理）する！みんなの理解をみんなでつくろう！

▶KP法の使用方法

授業の導入。ミニKPシート（B8）を個人で作成し、同じテーマで小グループをつくり合意形成する。その後発表用KPを作成し小集団で発表をする。作成のルールとして発表に使えるミニKPシートは8枚までとした。

▶KP法を使用することになった理由

ジグソー法を授業の中で展開していたが、個人の理解をつくり同じテーマで集まったときに思考の履歴が見えない状態があった。口頭での対話は起きているが発言量や参画度に差があるように見えていた。全員の理解を全員でつくるという目標に向けて書きながら、書いたものを動かしながら、必要な要素を抽象・捨象していることが視覚化できるように、ミニKPシートを使用した。（※ジグソー法については、第2章51ページ註14を参照）

▶授業の流れ

授業1単位70分の2単位分として展開

内容	今回意識する思考技法、方向性、やること	テキスト本文の全体紹介とテーマの選択	個人でミニKPシート作成	グループで合意形成	小集団になり発表	感想の記入	計140分
	10分	15分	30分	40分	40分	5分	
教材	KP法	テキスト、板書	ミニKP法	ミニKP法	ミニKP法		

授業の大まかな流れ

　授業担当者より今回目指す方向性と今回の内容（どのような思考技法を獲得していくのか）、今回の流れをKP法で全体共有する。テキストの内容はどのような項目がどのような構成で示されているのかを確認する程度に留める。テキストの大項目から自分の担当したい項目を選ぶ。テキスト内容から要素を抽出し構造を考えミニKPシート8枚以内に整理する。

　選んだ大項目が同じメンバーで小集団をつくる。小集団のメンバーで共通のミニKPシートを作成する。グループで作成したミニKPを持って、他の大項目を選んでいたメンバーに内容を紹介する。

KP法を活用することによる授業担当者の感想

・要素を抽出する方法も生徒によって多様で、テキストに線を引く子、ノートにキーワードを出す子、8枚を想定して、目次のように書く子など、どのように作成するのかという事を生徒自身が判断できるので前のめ

個人で作成したミニKPシートをグループで共有

個人で作成したミニKPシートを分類して発表準備

りな状況になった。
・子どもが個人で作成したミニKPシートをグループで合意形成する場面で、内容が似ているものを分類整理している状況があった。思考の整理方法として有用性を感じた。

KP法を使用することによる生徒の感想
・実際に自分が説明をすることで、内容をより深く理解できてよかった。また、先生の気持ちがわかって、とても面白かった。このやり方は、楽しみながらできて、いい方法だと思う。
・分かっていても説明するのはむずかしい！
・時間内に終わらなかった。わかりやすく説明することが難しい。1つ1つの説明が長くなってしまう。みんなの理解が作れたか心配。
・同じことを紹介しているのに、表し方が違うことが多かった。
・図と文で必要なことと必要じゃない所を分けるときに、重要なことが分かった。それで、図と文の関係を考えられた。
・色々な人に発表して、うれしかったし、楽しかった。また他の人からのアドバイスがあったのでこのことをいかせるように今後やっていきたい。

今後の課題
・1枚あたりの文字量が多くなり、相手のための整理よりも作成者個人の理解のために用いられる様子があった。1枚1要素にするということも大切にしたい。
・グループでの合意形成が行われた後に、個人でミニKPシートを作成する段階が必要だったが、時間の確保を想定していなかった。
・最初に示した方向性「考えることは何の役に立つか」につながるようにルール設定をしても良かったのではないか。
例）最後の1枚はこのテーマで書く。
・構造化がミニKPシートのレイアウトで表現できることを目指していく。
・全員が同じテキストを持っているのにもかかわらず、テキスト本文を書き写している状況。読み手である自分が何を感じ考えたのかを表現できるような環境設定が必要である。

- ミニKPシートを読み上げながら発表している様子が多かった。ミニKPシートを並べて見える形でプレゼンをする意味や意図を伝える必要があった。

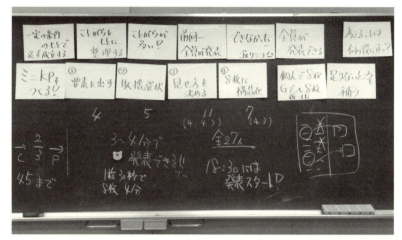

授業の課題掲示のKP

生徒が発表で使ったミニKPシート（B8サイズをA3の台紙に整理）

意見発表方法としてのKP法

小学生対象の学習塾 編 Part.2

氏　名	加藤　兼浩 (かとう・ともひろ)	担当教科	理科
所　属	日能研	講師歴	14年

科目	特別選択講座、6年生短期集中プログラム	対象学年	小6
生徒数	37	単元	全体テーマ：持続可能な発展のための学び
使用教科書	参照図書）環境を考えるBOOK⑦　災害教育から始まるお話（みくに出版）		

▶当該授業の目的と目標

本プログラムは、科目の枠に縛られない課題を考えたり、科目ごとのテーマで記述をしたり、仲間の記述にコメントし合う（ピアレビュー）ことを通して、様々な思考技法に触れ、論理的に考えるチカラを身につけることを目的としている。「当たり前を疑う」「自分の目の前にあることに対して"しなやかに"視点を変えて見てみる」「自分の考えが相手に伝わる記述を書く」ことへ、一歩踏み出すチャレンジをする。

▶授業の狙い、キャッチフレーズ

自分の考えを再構造化し、他者に伝える。

▶ＫＰ法の使用方法

KP法についての紹介、2日半つくり続けてきた自分の考えを発表する、グループで合意形成したものをクラス全体へ発表

▶ＫＰ法を使用することになった理由

自分の考えを論理的に相手に伝える、届けるという意識や行動に対して関心を高めたい。発表の準備で内容を再構造化することができる。また、演者はプレゼンした上での気づきを通して、自分の思考や感情に向き合うことができる。聞いていた側は、お互いの理解のために質問ができる状態をつくりたい。また、発表した内容が貼られた状態で残るので、その後の質疑応答が明確になる。

▶授業の流れ

3日目の午後のプログラムとして展開

6年生短期集中特別プログラムの詳細
難関校からの道「論理を追究する」

　本プログラムは、科目の枠に縛られない課題を考えたり、科目ごとのテーマで記述をしたり、仲間の記述にコメントし合う（ピアレビュー）ことを通して、様々な思考技法に触れ、論理的に考えるチカラを身につけることを目的としている。

　難関校を目指す子どもたちは、「問題が解ける」と言葉にするものの、そのかげに隠れて、実は「自分だけで、わかっている」あるいは「答えは出せるけれども、なぜそうなったのかを説明できない」ということも多くある。しかし、入試問題と対峙するためには、自分一人がわかっているのではなく、相手がわかるように"つながり"の関係性を明確にして伝えることが必要である。昨今の入試問題（特に難関校と呼ばれる学校の入試問題）には、問題を解く根底に、論理的に考える力を要求されているものが多く見受けられる。「論理とは何か」を考え「論理を学ぶ」ことは、自分一人の理解や思い込みから脱するための大きな力となる。

災害をテーマにした2015年のプログラム

　「災害」ということを素材に様々な関係性を見出していくプログラムであった。「自然現象が人間にとって『災害』になるとはどういうこと？」「人が創りだす「災害」とは？」「『減災』という言葉の意味とは？」など、様々な問いと自分自身を結び付けたり、自分の知識や考え・仲間の知識や考えと出あったりしながら、改めて「災害」について考えていくという経験をした。これらの経験を通し、「当たり前を疑う」「自分の目の前

2015年度	5月3日	5月4日	5月5日
《午前》 10：00 〜 12：30	●自然現象と災害 　視点を変える 〈論理的に考える道具の活用〉	●災害を知る① 自分の主張を明確にする 〈科目テーマ記述〉	●自然現象と私 当たり前を疑う・ 思考技法を使う 〈科目横断型テーマ記述〉
昼食			
《午後》 13：00 〜 18：00	●災害と減災 多様な価値観と出あう 〈科目横断型テーマ記述〉	●災害を知る② 情報を意図的に使う 〈科目テーマ記述〉	●成長を確認する 〈科目横断型テーマ記述〉 ●3日間をふり返る

にあることに対して"しなやかに"視点を変えて見てみる」「自分の考えが相手に伝わる記述を書く」ことへ、一歩踏み出すチャレンジをし続けていた。

KP法を活用した部分の大まかな流れ

2日半かけてつくり続けたテーマに対する自分の考えを記述している状態。自分の記述から他者に伝えたい内容を選び出し絵コンテに表現する。絵コンテをもとにKPシート（A4）を作成する。グループ内で発表をする。グループメンバーの1人のKPシートを中心において、グループメンバーのKPシートを追加する。必要に応じて新しいKPシートの追加や既存のKPシートの修正も可とする。グループで作成したKPシートを全体発表する。

個人でグループ内発表の準備

KP法を活用することによる生徒の感想

・みんなに自分の意見がしっかり伝わったみたいでほっとしました。
・初めてKP法をやってみて始めは緊張していましたが、今は楽しさでいっぱいです。
・次こそは何かの発表の際、落ち着いていこうと思う。
・書く時は色々アレンジできてとても楽しかった。もちろん、発表するのも楽しかった。
・なるべくみんなにわかりやすくしたり、説明の途中で順番を変えたりしていままでの失敗をこの時間で使うことができたと思います。
・よく聞いて自分と比べて質問することができた。
・大変だった。今度作るときは見通しを持って作りたい。

・KP法で話すのがはじめてで自分の意見に自信が持てなかったけど、みんなが真剣に私の話を聞いてくれていてだんだん自信が出てきました。

今後の課題

・時間について、グループ内発表で個人の発表時間が目安の時間である4分を越えた。作成段階で何分かかりそうなのかを想定できるような情報提供が必要。グループで誰のKPシートを中心におくのか合意形成に時間がかかった。事前の情報提供として新しいものを作るではなく、みんなのKPシートを寄せ集めるでもなく、誰か一人のKPシートが中心になることを伝える。

・空間について、グループ内発表の場所と全体発表の会場を分ける。発表を聞きながらメモができる状況をつくる。

・作業について、絵コンテが必要な要素を順番に書き出すだけになっていた。絵コンテを書く前に、再構造化できるような1枚1要素のミニシートの作成を入れる。

・期待する効果について、再構造化、合意形成、プレゼンテーション、質疑応答のどこに焦点を当てるのか、何を期待するのかを明確にした上で、生徒と方向性を共有する。

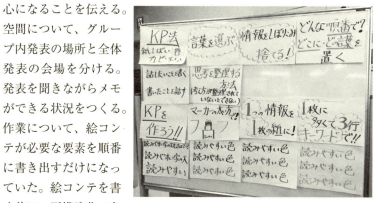

KP法紹介のKP

グループで全体発表の準備

第4章

KP法を教室で実践するために

よく質問されるポイントとアドバイス

川嶋 直

公益社団法人日本環境教育フォーラム理事長

　この章では、これからKP法をやってみようという方や、すでにやっているのだけど自己流なので「これでよいのかなぁ」とお思いの方を対象に、これまで開催してきたKP法実践講座でよく質問されたことなどを参考にして、KP法を実際にやるためのポイントを書いてみました。KP法をより詳しく知りたい方、KP法の基本から学びたい方は、拙著『KP法 シンプルに伝える紙芝居プレゼンテーション』(2013年、みくに出版)をおすすめします。また、KP法のフェイスブックページや動画サイトYouTubeのKP法のチャンネルも参考になると思います。KP法の本と合わせてご覧ください。

1　KP作成7段階（＋練習1段階）

　KPセットを作るには様々な方法があると思う。ここでは、僕なりのKP法作成のプロセスを紹介していこう。以下の段階を踏むことによってKP法が「思考整理の道具」であることを実感できるだろう。

　ここで「僕なりの」と書いたのは、僕のプレゼンテーションには、学校の先生のように「教科書」がないからです。ここが先生方と僕との一番の違いでしょう。

　ここからお伝えするKP作成の段階は、あるテーマについて自分がどのような情報を持っていて、その情報の中から聴衆に向かって何を確実に伝えたいのか？　そして、間違いなく伝えるためにはどうするのか？　という視点で「作成段階」を整理したものだ。言い換えれば、僕が普段、KPを作成するときの手順でもある。「教科書」やあらかじめ決められた「学習内容」がベースにある場合には、以下とは少し違うプロセスになるかもしれない。

第1段階：テーマを決める（タイトルを決める）

　何についてのKPを作るのかを決める。というか、KP作りに入る時点でテーマは決まっているはずだが、それがひとつのKPセットのタイトルとして相応しいかどうかは別問題だ。聞き手が「それ、聞きたい・知りたい」と思うようなキャッチーな言葉になっているか？　「そんなこと考えたことなかった」というような「良い問い」になっているか？　そうしたことを考える段階である。

　第1段階の作業としては、仮にテーマ（タイトル）を決めて、全体のKPが仕上がったところで再度、見直せばよい。

第2段階：テーマについて伝えたい事を書き出す

　そのテーマについて、自分が聞き手に対して伝えたいキーワードをどんどん書いていく。できるだけ長文にならないように、短く重要なキーワードだけを書くようにする。書き方としてはB4やA3といった大きめの紙の真ん中にテーマ（タイトル）を書き、その周辺に伝えたい事を書

いていく方法がオススメ。決して箇条書きにはしない。テーマを中心に自由に四方に発想の枝が伸びていく感じがオススメである（マインドマッピングの手法が参考になる）。

テーマについて、伝える側が「何を知っているか」ではなく、聞き手にとって「必要なこと＝何を伝えたいか」に、最終的には絞り込みたいのだが、ここの段階ではあまりフィルタをかけずに自由に書き出していったほうがよいだろう。

第3段階：伝えたい事を俯瞰して、要点を絞り込み不要な部分を除く

テーマの周囲に書いたキーワードの全体を眺めて、あなたが伝えたい、重要なものを残し（絞り込み）、不要なもの（除いても全体の流れに大きな影響のないもの）を思い切って取り除いていこう。

KPの全体がだいたい15枚程度になるように、枚数もここで大まかに調整しよう。1枚に情報（要素）を盛り込みすぎている場合には2枚に分ける、反対に複数枚に分けて書いたものを1枚に統合するなどの作業もここでしよう。

第4段階：全体を構造化し、構成的にレイアウトできるようにデザインする

KP法は受け手（聞き手）にとっては、最終的にはKPの1セットが「1枚の絵」として記憶に残っていく。縦横で項目が整理、レイアウトされているようなデザイン（マトリクス）にできないかなど、ここでA8サイズくらいのミニKPに先の段階のキーワードを書き写し、そのカードを使って再考してみよう。

起承転結、序破急、PREP（Point Reason Example Point＝最初に結論→その理由→その例→だからやっぱり結論）など、流れのあるストーリー＆レイアウトに編み上げていこう。机上にミニKPを並べ、KPを貼っていく順番は縦にしたほうがよいのか？　横にしたほうがよいのか、はたまたテーマを中心に円を描くようなレイアウトが効果的なのか？　ミニKPを俯瞰しながら構造化ができないか精査してみよう。

第5段階：言葉を精査する

　全体のタイトル、流れ、枚数、レイアウトなどが決まったら、それぞれのKPに書かれている言葉が適切な表現になっているか精査してみよう。教室でのKPの場合には、学習者の言葉の理解範囲がおおよそ見えているだろうから、この段階は先生にとってはさほど困難ではないだろう。

　ただ、学内で通常接している生徒や先生以外の保護者や学外の人にKPをやる場合には注意が必要だ。皆が同じ「辞書」を使っている訳ではないからだ。ここで言う「辞書」は比喩だが、自分が普段使い慣れている言葉こそ注意が必要だ。その言葉は聞き手にとっては初めて耳にする言葉かもしれない。またその言葉は誤解を生む表現である可能性はないのかなど、しっかりと精査する必要がある。

第6段階：色を精査する

　KP法にとって、色はレイアウトと同様に重要な要素だ。ベースの色と強調する色。また、同色のアンダーラインを数カ所で使うことによって、意味のつながりや流れを示すことも可能だ。逆に言えば、不用意に様々な色を使うと、読み手はその色にどんな意味があるのかを追いかけだし、発表者の話が耳に入らなくなる場合もある。あまり多くの色を使用せず、色の意味はできるだけシンプルにしよう。ここでもミニKPに色をつけて、全体を俯瞰するとよいだろう。ミニKPでの作業はKP法の最終設計図を書く作業になるのだ。

第7段階：清書する

　そしてこの段階に来て、初めて清書することになる。第5段階のミニKPでほぼ原稿はできあがっているはずだ。言葉を精査し、色を精査したら、あとは自分の中の「KP製作所」にKP清書作業を発注するだけだ。その発注書がミニKPなのだ。

　決して「上手な」字を書く必要はないが「読みやすい」字を心がけてほしい。僕は基本的にKPは手書きがよいと思っているが（203ページ参照）、どうしても読みやすい字が書けない、あるいはより太い字で遠くからでも間違いなく認識される必要があるならば、太いフォントを使って躊躇せずプリントアウトしたらよいだろう。

そして練習：本番前には、必ず練習

　KP作成は第7段階までで完了だ。しかし「さてこれで本番！」ではない。必ず（できるだけ）練習することをおすすめする。黒板やホワイトボードにKPシートを貼りながら、本番と同じように話しながらの練習ができればよいが、その環境がなくても、KPシートを広いテーブル、あるいは床に並べながらでもよい。その際にもし違和感があれば、その部分を修正すればよい。

　そして、いよいよ本番だ。

2　KPセットの1枚目には何を書くのか？

　KP法の1枚目は大事だ。私の場合1枚目、つまりタイトルKPで多い形は、
「……とは？」「何故……なのか？」「……って？」という「問い」から始まる質問型、
「……3つのポイント」「……の5段階」など3つとか5つとかのポイントを話しますよの内容予告型、
「……は……だ」という主張型などである。

　いずれにしても、質問型は、タイトルのKPシートを貼ったほんの短い時間だけでも「……ってどういう意味だろう？」と考える瞬間の「参加」がある。予告型では「発表者はこれから……について話すんだな」ということがわかり、聞き手は聞く準備ができる。主張型では「そのとおり！」あるいは「え〜、そうかな〜」という自分の考えとの対比をしながら聞くという準備にもなる。

　要するにタイトルは「聴衆に聞く準備をさせる」という役割があるのだ。さらに積極的な意味としては、「え！　その話なら聞きたい」というように「聴衆をつかみ、引き込む」という役割もある。

僕のKPセットの1枚目（タイトル）を並べてみた

３　プリントアウト？　手書き？　どっち？

　結論から言うと、僕のKPは全部手書きだ。KP法を始めた1990年頃（当時はKP法と呼ばず、ただ「紙芝居」と呼んでいたが）は、ワードで作成していた。その後はエクセルで作成するようになり、2005年頃からは徐々に手書きに移行して、数年前からはすべて手書きとなった。

　手書きにした最大の理由は、即時対応性だろう。講演会場に行ってその場で書き足したり、書き直したり、新しいセットを作成したり、最悪の場合、誤字に気がついたり、そんな時にノートパソコンを開いて作成あるいは訂正して、そのデータのプリントアウトをお願いして…、そうした対応は、時間的にも主催者にかける負担から考えても、ほぼできないからだ。

　手書きにした次の理由は、その自由度だろう。字の大きさ、色、アンダーライン、イラストなど手書きなら自由に、まるで絵を描くように書くことができる。また手書きは書く場所も選ばない。マーカーさえ持っていればＡ４のコピー用紙は比較的簡単にどこでも手に入るからだ。

　さらに手書きはキーボードで打った言葉よりも、書き手の記憶に残っているのだ。手で書いているプロセスで確実に頭の中でその言葉をつぶやいているから、KPを使ったプレゼンの最初の練習がそこでできてしまう。同時に、つぶやきながらそこで違和感を持つこともある。科学的な証明はなかなかできないのだが、手書きのプロセスでは漢字を思い出したり、例えば「大丈夫」にするか「OK」にするか「オッケー」にするかなど、細かい表現の方法を考えたりもしている。

　手書きの良さはまだある。僕は聴衆から「手書きのほうが思いが（あるいは温かみが）伝わる」と言われることがよくある。これは商店の店頭で筆文字や太字の「大安売り」とか「激安！」「お得！！」などの文字が元気よく踊っている場合、その多くが手書きかあるいは手書き風のフォントを使っているという事実からもうなずけるのではないだろうか？

　一方、手書きの弱点もある。

　まずは、マーカーで読みやすい字が書けない場合。これは仕方ない。決して「上手な字」を書く必要はないのだが「読みやすい字」でないと読

むことができない。マーカーという筆記具、特に太い方の角芯はコツをつかまないとなかなか書きにくい。マーカーを持つ角度をマスターすれば安定した線を描くことができるのだが、とにかく「マーカーに慣れる」ことが必要だろう。

　もうひとつの弱点は、太い線が書けないという点だ。教室の最後列から黒板までの距離は、多くの場合７〜８メートル。その最後列から字が読めなければ駄目だ。大きな字を書くことが大切なことはもちろんなのだが、マーカーの弱点は太い線を書くことに限界があるということだ。僕が推奨している水性マーカー（商品名：プロッキー、紙用マッキーなど）の場合、最も太字でも芯の太さは約６ミリだ。もちろん何度かなぞって字の線を太くすることはできないことではないが、プリントアウトの太さ美しさにはとてもかなわない。

　どうしても手書きで太い線を書きたいならば、ポスカ（ポスターカラーマーカー）という筆記具がある。こちらの太字は８ミリ、極太に至っては１５ミリの太さがある。ただ、これだけ太いとＡ４の紙に書ける文字数は激減する。プロッキーで７メートル離れて見える字をＡ４の紙に書く場合「１行８〜１０文字以内、最大３行」だが、このポスカ極太だと「１行４〜５文字、２行」が限界だ。そしてポスカの弱点は乾くのに時間がかかることだ。大きな机で全部（少なくとも１セット分）広げて書けるスペースがないとポスカは使えない。

	手書きか？　プリントアウトか？							
書く方法	自由度		遠くからの視認性		作成時　離れた場所での情報共有		即時対応性	
手書き	◎	字の色・大きさ・太さ・字体など自由イラストも描ける	△	文字を太くすることが困難	△	スキャンしないとデータ送信できない	◎	すぐに対応できる
ワードでプリント	△	何かと不自由	○	フォントを自由に選べる	○	データ送付が楽レイアウトが見られない	△	手書きとのハイブリッドで対応できる
パワポでプリント	○	プリントの中では最も自由度が高い	○	フォントを自由に選べる	○	データ送付が楽レイアウトが見られない	△	手書きとのハイブリッドで対応できる
エクセルでプリント	△	何かと不自由	○	フォントを自由に選べる	◎	データ送付が楽レイアウトも確認できる	△	手書きとのハイブリッドで対応できる

KP法：手書きとプリントアウトの比較

読みやすさ、データ保管の簡易さなどの点で考えれば、手書きよりもプリントアウトに軍配があがるだろう。

プリントアウトをする、つまりパソコンでKPを作成するアプリケーションは、いくつかの種類がある。一般的なのは「ワード」「パワーポイント」だろう。しかし僕は「エクセル」でのKP作成をおすすめしたい。理由は以下の図を見ていただければわかるだろう。1つのセルを1枚のKPシートとして考えてKPセットを作成するのだ。あらかじめ縦横の枚数を決めておき（ホワイトボードなら横6枚、縦3枚）そこにKPの各シートを書いていく。つまり、常にKPセットのレイアウト全体を見ながら作成できるのだ。この一覧の機能はワードやパワーポイントでは難しい。

また、もし複数人でKPセットを作成する、あるいはKPセットの内容を複数人で確認することが必要な場合には、このエクセルを添付してメール送付するだけでOK。直しも簡単だ。エクセルのタブを増やして必要なセットを1つのファイルに入れておけば、エクセル1ファイルを送るだけで複数のKPセットを送ることもできる。あるいは、1枚のエクセルシートに、複数のKPセットを足していくという方法もオススメだ。

エクセルで作ったKPの例

４ 紙の大きさによる意味（使い方）の違い

「広い教室の場合はＡ４サイズの用紙ではなく、Ｂ４やＡ３のほうがよ

いと思いませんか？」と講座で質問を受けることがある。確かに大きな紙を使って同じ文字数を1枚に書くとすれば、それぞれの文字は大きくなる。しかし（204ページに書いたとおり）字が大きくなっただけでは視認性が高まったとは言えない。同時に太さも太くならなければ遠くから見えるようにはならない。

この項ではA4よりも用紙を大きくする場合ではなく、A4よりも小さいサイズにする場合について書いてみたい。

B5サイズ（182ミリ×257ミリ）

これは、A4サイズより一回り小さいものだ。基本、A4で見える距離がホワイトボードや黒板から7〜8メートルだとすれば机を入れて30〜40人ほど、椅子だけで50〜60人ほどが字を読める距離だ。これより一回り少ない人数が対象なら、B5サイズもよいだろう。ホワイトボードの幅が180センチではなく150センチの場合、B5サイズならば、少し詰めれば、横に6枚のKPシートを貼ることができる。

A5またはB6サイズ（148ミリ×210ミリ、128ミリ×182ミリ）

A4、B5サイズの半分のサイズだ。このサイズには2通りの使い方がある。ひとつはホワイトボードに貼ってプレゼンテーションをする場合、もうひとつは机の上に置いてプレゼンテーションをする場合だ。

ホワイトボードに貼る場合は、聴衆が4〜10人位までならば適切なサイズだ。ホワイトボードの幅が120センチでも横6枚を貼ることができる。また、机の上でのプレゼンもオススメだ。通常の会議用机（平均的には180センチ×90センチ）を囲んで5〜6名の会議参加者が見守る中、発表者はA5またはB6のKPシートを机上に並べながらプレゼンテーションをする。ホワイトボードなどの準備が不要で、置かれたKPシートに対して、皆で手を出しながら、あるいは指をさしながら議論をすることができる。

A6またはB7サイズ（105ミリ×148ミリ、91ミリ×128ミリ）

これは2〜5人くらいで、KPシートを机上に置きながらプレゼンテーション＆議論を行う場合に適切なサイズだ。数人で思考整理を行う場合

はこのサイズが使いやすいだろう。

Ａ７またはＢ８サイズ（74ミリ×105ミリ、64ミリ×91ミリ）

　このくらいのサイズは、ひとりで思考整理する時に適切なサイズだ。僕が「ミニKP」と呼んでいるサイズがこれだ。おおよそ名刺大の用紙でKPセットの下書きを作るのは「KP法作成７段階」の第３、第４段階にあたる。机上をホワイトボード代わりにして全体を見渡すにはちょうど良いサイズだ。Ａ７の半分サイズ（Ａ８サイズ）も、ミニKPとして十分に機能するサイズだ。

Ａ８（52ミリ×74ミリ）あるいはそれ以下

　OHC（オーバーヘッドカメラ＝通称：書画カメラ）で有効なサイズ。大会場でのプレゼンテーションの場合は、ホワイトボードにKPを貼り、それをカメラで撮影しプロジェクターを通して大きなスクリーンに投影するという方法があるが、OHCを使って小さなKPシートを大きなスクリーンに写すという方法もある。OHCでのプレゼンテーションの場合、通常35センチ四方の中にレイアウトしなければならないので、横に６枚のKPセットを写そうとしたら、一枚のKPシートの横の辺が６センチ未満の「超ミニKP」の準備が必要だ。

　このようにKPセットはその用紙の大きさの違いで、ホワイトボードや黒板でのプレゼンテーション用、机上でのプレゼンテーション用、数人の思考整理用、個人の思考整理用、OHCでのプレゼンテーション用とその用途が変わってくる。紙の大きさが用途を規定していくのだ。

５　KPシートを「貼ってから話す」か？「貼りながら話す」か？　「話してから貼る」か？

　僕が開催しているKP法実践講座で、最もよく出る質問だ。上記の３つの選択の他に「全部貼ってしまってから話す」か？　というものもあるが、結論から言うと「貼りながら話す」方法がよいと思っている。

まず、「全部貼ってから話す」ことは絶対にしない。したことがない。KP法の良い点は「今何について話しているか？」が明確にわかることで、聴衆は常に最新のKPシートに目を向けながら話を聞いている。また、同時にその前に貼られたシートも必要に応じて見直しながら聞いている。先に全部貼ってしまうと今どこを話しているのかが聴衆にとって明確ではないと同時に、話し手も順番に話すということを無視してあっちの話こっちの話と自由に話してしまう。場合によっては用意していない（KP外の）話をし始める危険性もある。

　また、講演やプレゼンテーションの場でよくあることだが、投影するパワーポイントの全体を印刷して配付資料として渡してしまった場合、聴衆は今投影されている画面を見ないで資料に目を通すばかりでなく、発表者の話もろくに聞かないで資料の先をどんどん読み進むという事態も起きたりする。こうした場面を避けるためにも「全部貼ってから話す」という方法は取らないのが基本だろう。

　さて、「（1枚ずつ）貼ってから話す」方法について考えてみよう。これは「貼りながら話す」のタイミングがちょっと違うだけで、キーワードが目から先に入ったほうがよいか、耳から先に入ったほうがよいかの差でもある。これはケースバイケースだろう。

　では「話してから貼る」はどうだろう？　これも「話しながら貼る」のタイミングがちょっと遅いことの延長線上でもあるが、話し言葉（KPに書く言葉）が聴衆にとってなじみのない言葉の場合には話すのとほぼ同時に見せるのがよいだろう。

　結局、この2つの間に位置するのが「話しながら貼る」あるいは「話すと同時に貼る」という方法で、貼るタイミングは、書き言葉を少し先に見せたいか？　話し言葉を先に聞かせたいか？　によってその都度の判断（ほとんどは無意識）によるのだ。ただ、ココ！　というポイントでは、経験から言うとキーワードが目と耳から同時に入ってくるのが基本だと思う。

　いずれにしても、貼る・話すのタイミングは聴衆にとって最適なタイミングであれば良い訳で、常に聴衆の気持ちになってプレゼンするという基準を自分の中で意識していれば、そう大きな問題ではないだろう。

6 KP法の時間と字数・枚数

　「KPシート1枚あたりの文字数及び時間」「KP1セットあたりの枚数及び時間」を尋ねられることがある。これは一概には言えない。まったくケースバイケースだと思う。

　以下はあくまでも「川嶋の場合は」の数字だ。KP法を使って人前で話す経験をここ20年以上実施した結果「現在は大体こうしている」という数値だ。また僕のお話する対象は、大学生・院生、企業、行政、市民団体、シニア層など年齢も20代から70代までと幅広いが、どちらかと言えば聴衆の皆さんは「モチベーションの高い」方たちが多いという特徴はあると思う。

　僕はKP法の用紙にＡ4サイズを使っている。1枚に書く文字数は平均15〜20文字程度、最小で2文字〜最大で20数文字程度だ。「1行10文字以内、最大3行」という言い方をよくしている。KPの1セットは短いものでは2分を切るが、長いものでも5分程度だ。1セットの枚数は10〜15枚ほど。このセットの時間を枚数で割ると1枚あたりの秒数が出てくる。僕の場合1枚のKPに対しておおよそ15秒話している。これで先の質問への回答は出揃った。

　こじつけに聞こえるかもしれないが、1枚15秒＆1セット5分以内という時間の長さは、人間が集中できる時間と結構、良い関係のようだ。テレビコマーシャルの最低時間は15秒だ。あるいはその倍の30秒というコマーシャルも多い。また、5分という長さはどうだろう。人間の集中が続くのは15分であるという説をよく聞く。僕の経験では15分一気に話すより、15分を5分に区切って3回に分けたほうがよいと思う。もぐもぐ噛んで一口で飲み込むのが5分くらいの情報量。それを3回飲み込むという感じだ。15分の情報量を口に含んで最後に一気に飲み込むのは相当たいへんだ。これはまったく科学的な分析ではなく、あくまでも僕の経験から言っているだけなので申し訳ないのだが、短く区切って飲み込みやすくして提供することが、どうも受け手にとっては記憶に留まりやすいように思えるのだ。

7 KP法を使った授業後の情報共有方法

　KP法を使った授業の情報をどうやって受講者と共有するか？　KP法を貼り終わった時点での写真を何らかの方法で共有するというのが基本だが、本書の実践レポート執筆者の先生方も様々な方法にチャレンジしていらっしゃるようだ。

　僕の場合、講演（プレゼンテーション）だけで60分の講義をする場合、KPは大体15セットほどになる。各KPのセットは貼り終わった時点で主催者に写真を撮ってもらい、後日参加者と何らかの方法で共有するという方法を取っている。つまり15枚の写真（のデータ）が後日参加者に送られるという段取りだ。

　僕のKPは手書きだが、KPをパワーポイントなどで作成している場合には、そのデータを聴衆と共有するのは簡単だ。そのデータを送るだけでよい。ただ、各KPシートの情報は間違いなく共有されたとしても、ひとつのKPセットとしてのレイアウトを共有することはできない。

　それに対して、エクセルを使ってKPを作成する方法をとれば、レイアウト（一覧性）も伝えることができる。エクセルの各セルをKP１枚としてセル設定をする方法だ。僕はエクセルでのKP法作成を1990年代までは行っていたが、2000年代に入ってからはすべて手書きになってしまったのだが（エクセルでのKP作成は205ページで記述）。

　上記のいずれの方法を取ったとしても、KP法の実演そのものの共有ではない。KPセット10数枚を貼った最終結果が見えるだけだ。今後の共有の方法として可能性が広がるのは、KP法の動画を撮り、それをネットにあげて共有することだと思う。すでにこの方法にチャレンジしている先生もいるやに聞いている。そうすれば、生徒の自宅での復習に、授業を休んだ時の補講に、次年度（あるいは次のクラス）のための教員のふり返りのために、と用途が様々に広がる。50分の授業の中で先生のKP法の実演がせいぜい10〜15分程度であれば、後日、動画を見る時の負担感も大したことはないだろう。授業中に誰が撮影するのかなどの課題もありそうだが、その効果の大きさを考えればぜひチャレンジしていただきたい。

8 KP法の基本は使い回し。でも足したり引いたり、並べ替えたりの編集が頻繁にできるのがKPの良い所

「毎回それだけの量のKPを書くのってたいへんですよね？」とご心配いただくことがある。ケースバイケースだが、KP法を使った講演の場合、平均してその8～9割は自分のストックからのものだ。あとの1～2割がその場に合わせた新作となる。こう書くと「な〜んだ、たった1～2割しかその場に合わせたKPを作ってないんだ」とお叱りを受けそうだが、それはちょっと違う。

確かにKPのセットは使い回しだが、その中の1枚〜数枚を書き換えたり、足したり引いたり、レイアウトを変えたりというような編集作業は結構頻繁に行っている。さらに60分程度のプレゼンテーションの場合、大体15セットほどのKPを使うのだが、この15セットを選ぶという編集作業がある。おおよそ300セットくらい（日々増加している）のKPセットの中からその日のテーマと聴衆に合ったセットを選び、順番を考えるという編集作業も行っている。

学校でのKP使用の場合、先生や学校の事情によってこの「使い回し」ができるかどうかは異なると思うが、同じ授業を数クラス担当していれば、（多少の手直しはするだろうが）クラスをまたいでの使い回しになるだろうし、それが無かったとしても次の年への使い回しの機会は確実にやってくるだろう。

また、上記は通常の講義についての場合だが、アクティブラーニング型の授業での生徒たちへの作業指示のKPであれば、相当頻繁に使い回しをすることになるのではないだろうか？

9 KP法の保管方法

KP法の使い終わったセットをどう保管したらよいかという質問もたまに受ける。僕の保管方法を整理してみよう。

〈現物保存〉

　まずはKPそのものの保管は、単純に封筒整理法（懐かしい。山根一眞さんが1990年代に提唱し、続いて野口悠紀雄さんも少し形を変えて提唱した簡単情報整理法）を使っている。角2の封筒をカテゴリー毎に用意し、各KPセットは、いくつか重ねてもわかるようにタイトルを書いた1枚目のKPシートの左上に小さい付箋を貼る。そして、カテゴリー別の封筒に数セットから十数セット放り込む。ただそれだけだ。封筒は丈夫なトートバッグに詰め込んで上からでも見えるようにし、写真のようなタグを付けてすぐに取り出せるように工夫している。

カテゴリーごとに角2型の封筒に入れられたKPセット

封筒に整理されたKPセットをトートバッグに入れて保管

〈スキャンして保存〉

　これは、手描きのKPの場合のみの方法だ。そもそもパワーポイントなどでKPセットを作成していればデータは残っているのでいちいちスキャンする必要はない。

　KPセットをスキャンして保存しておけば、最悪の場合そのKPセットを失ってしまっても、それをプリントアウトすることで（少し色調は変わるが）手書きのKPを蘇らせることができる。

　いずれにしても、こうして保存するということは「またいつか使う」という前提があるからだ。学校の場合には次年度、必ず同じような講義をするはずである。1年もたてばいろいろ修正したくなるだろう。それは修正すればよい。KPの良い点は「使い回しができる」ことだ。これはパワーポイントも変わらないが、毎回、一から作成するのではなく、以前使ったKPをベースにして加除・修正を加えれば手間も省ける。

10 KP法の練習法

　KP法には、企画→製作→発表の3つの段階がある。本章の冒頭で「KP作成7段階」と書いたが（198ページ参照）、「テーマを決める」（第1段階）、「テーマについて伝えたい事を書き出す」（第2段階）、「伝えたい事を俯瞰して、要点を絞り込み不要な部分を除く」（第3段階）、「全体を構造化し、構成的にレイアウトできるようにデザインする」（第4段階）、ここまでが「企画段階」だ。「言葉を精査する」（第5段階）、「色を精査する」（第6段階）、「清書する」（第7段階）、この3つの段階が「製作段階」。そして発表（プレゼンテーション）の段階になる。

　この「企画→製作→発表」の3つの段階は、音楽に例えれば「作詞作曲→編曲→演奏」のようなものだ。KP法の場合、編曲の部分には譜面（KPシート）作成も入る。KP法の上達方法は（譜面を使って）ひたすら「練習」しかない。

　作詞作曲や編曲（つまり企画・製作）の練習は、ひたすらKPセットを作るという方法でもよいが、例えば新聞一面のトップ記事を材料に練習す

るという方法もある。トップ記事の文章を読み、自分なりのタイトルを付け要点を引き出して構造化し10数枚、3〜4分程度のKPセットを作り上げてみる。これは相当良いトレーニングになる。

　さて、演奏（つまり発表）の練習も重要だ。先生は話すことが仕事なので、ましてや何度も何年も話している内容を発表（講義）するので、練習など不要と思われるかもしれない。でもKP法に慣れない最初の頃は、意識的に練習をしたほうがよい。Ａ４の紙を、マグネットを使って黒板に貼る作業は慣れないと結構もたつく。貼るよりもはがすほうがさらに難易度は高くなる。この貼る・はがすがリズミカルにサッサッとできると、生徒も「見る・聞く」ことに集中することができる。また発表の練習をしていると、KPに書かれている言葉やレイアウトに違和感を持つこともある。その時は手直しができるチャンスだ。練習したからこそ、その修正ができるようになるのだ。

おわりに

アクティブラーニングの広がりとともに、
KP法が学校でもっと広がっていけば嬉しい

　編者を共同で務めた皆川雅樹さんと私（川嶋）は、2014年3月に開催したKPラボの場で初めて出会った。KPラボは、『KP法 シンプルに伝える紙芝居プレゼンテーション』の刊行後、3回ほど行ったKP法の「研究会」だ。ただし研究会といっても、自由に応募してきた有志が次々とKP法のプレゼンを披露し、それを会場のみんながフィードバックしあうという気のおけない交流の場だった。

　その第2回に、当時は高校の先生だった皆川さんが参加したのだ。その後、本書が刊行されるまでの経緯は、皆川さんが、「はじめに」や第2章で書いているとおりである。ちなみにそのときのKPラボには、高校の先生がもうひとり参加されていて、本書の第3章で実践事例を執筆していただいている。当時は、学校の現場にKP法を使って授業をする先生がいることを知らなかったので、大変驚き、また嬉しかったことを記憶している。

　2020年以降の学習指導要領の改訂や大学入試改革によって、小学校から大学まで教育現場は、大きな変化の時期を迎えるだろう。大きな改革が進む中で、KP法のような「ちょっとした工夫」でコミュニケーションが劇的に変化することがあるし、それによってクラスや学校が大きく変化することもあるだろう。

　KP法自体にも、まだまだ様々な工夫の余地があると思う。そうした工夫をより広く共有するために、現在、フェイスブックで「KP法のページ」（https://www.facebook.com/KPhou/）を運用しているが、もっと別の方法でも先生方はじめ多くの方とKP法の工夫や新しい使い方を広く共有できる場が生まれると嬉しい。

「KPグランプリ」の開催を

　これは3年前に『KP法 シンプルに伝える紙芝居プレゼンテーション』を出版した頃から考えていた構想だ。

　KP法の面白さ・素晴らしさ・ユニークさを競う競技会をやりたい。全国から5分以内のKPを募集して、最初は動画を投稿してもらい、そこで選ばれた優秀者がどこかの会場に集まって全国大会を開催する。優勝者はその場の聴衆の投票で決定してもよいかな。教員部門、企業部門、市民団体部門、生徒部門などに分けてもよいし、1部門で様々な立場の方の異種格闘技になっても面白いのかもしれない。

　とにかく、毎回様々な新しいKP法の工夫が生まれるようなお祭りになったら楽しいだろう。インターネットの動画で有名なTED（Technology Entertainment Design）Conferenceでは、様々な分野の人が素晴らしいプレゼンテーションを行っている。「KPグランプリ」の開催の前に「TEDのKP法バージョン」ができると楽しそうだ。

23人の先生に「ありがとうございました」

　最後に教室でのKP法の実践例を書いていただいた23人の先生方に、心から感謝を申し上げたい。第1章にも書いたことだが『KP法 シンプルに伝える紙芝居プレゼンテーション』が出版された2013年10月頃には、KP法が教室で先生や生徒たちに使われる日がこれほど早く来るとは考えていなかった。それが出版からわずか3年足らずの間にこんなにも多くの実践の例を見ることができたのだ。驚き、そして喜んでいる。僕のフェイスブックでの友人も、この2年で学校の先生が急激に増えた。その先生たちの様々な投稿を見ていると、新しい学びの場の「実験」を皆さん惜しみなく公開している様子がよくわかる。これは本当に素晴らしいことだと思う。

　僕はかつて全国の民間の野外教育・環境教育事業部の指導者たちが参加した全国規模のセミナーのなかで一緒に組んだ講師の合言葉として「隠している場合じゃない」と言っていた。指導者それぞれが試行錯誤し経験的に得てきたスキルやノウハウを、隠さずにお互いに披露しあう関係をつくろうと呼びかけていた。この指導者たちの多くは、自然学校など

民間の事業体の経営者でもあった訳だが、自分たちが見出した「極意」や「工夫」を隠すことなく皆で共有してこそ、全体のレベルアップにつながり、それが自分たちの社会的な評価にもつながっていくのだということを確信していた。そのためにも「隠している場合じゃない」という合言葉を言い続けてきたのだ。

　アクティブラーニングを進める先生たちの間にも、まさにそうした関係ができていることを発見して、とても嬉しかった。日本中のあらゆる学びの機会で、より良い学びの場づくりのチャレンジがもっともっと盛んに行われ、その成果が皆で共有されることを期待している。このKP法を踏み台にして、さらに素敵な工夫やアイデアが生まれるように心から願っている。

　最後に。共に編者を務めた皆川さんには、授業でKP法を活用している23人の先生を選んでいただき、原稿が遅れ気味な先生のお尻叩きもしていただいた。またアクティブラーニングとKP法との関係も整理していただき嬉しい限りである。そして、みくに出版の安修平社長には、全部で25人の執筆者と根気良くお付き合いいただき、この実践書を編みあげていただいた。共に感謝を申し上げたい。ありがとうございました。

　　　　2016年9月10日　秋風の吹く清里の森にて
　　　　　　　　　　　　　　　　編者を代表して　　川嶋直

編著者紹介

川嶋 直(かわしま・ただし)　第1章、第4章執筆

1953年東京都生まれ。公益社団法人日本環境教育フォーラム理事長。NPO法人自然体験活動推進協議会理事、一般社団法人日本インタープリテーション協会理事、立教大学大学院異文化コミュニケーション研究科兼任講師、日能研体験的学び室顧問。

1980年にキープ協会に入り「自然体験型環境教育事業」を組織内で起業。立教大学大学院異文化コミュニケーション研究科特任教授(2005〜2010年)、同ESD研究センターCSRチーム長(2007〜2012年)。2010年公益財団法人キープ協会役員退任後は、「KP法」「えんたくんミーティング」などのファシリテーションの技術を駆使して企業研修、セミナー、ワークショップなどを全国で行っている。2014年6月から現職。著書『就職先は森の中〜インタープリターという仕事』(1998年、小学館)、『KP法 シンプルに伝える紙芝居プレゼンテーション』(2013年、みくに出版)など。

皆川雅樹(みながわ・まさき)　第2章執筆

1978年東京都生まれ。産業能率大学経営学部准教授。博士(歴史学)。一般社団法人ISP理事。元専修大学附属高校・法政大学第二高校教諭。

日本史のアクティブラーニング型授業やファシリテーション・KP法等を活用した教育に取り組む。『Guideline』(河合塾)、『CareerGuidance』(リクルート)、小林昭文他編『アクティブラーニング実践』(2015年、産業能率大学出版部)、『総合教育技術』(小学館)、『社会科教育』(明治図書)、『歴史と地理 日本史の研究』(山川出版社)など多くのメディアで授業実践が紹介されている。授業改善(アクティブラーニング)やファシリテーションをテーマにした講演・研修・ワークショップ講師も全国で務めている。著書『日本古代王権と唐物交易』(2014年、吉川弘文館)など。

第3章　全国23人の先生による教室でのKP法実践レポート　執筆者紹介
(掲載順)

河口竜行（かわぐち・たつゆき）　渋谷教育学園渋谷中学高等学校（東京都渋谷区）

高橋正忠（たかはし・まさただ）　渋谷教育学園渋谷中学高等学校（東京都渋谷区）

寺戸洋介（てらど・ようすけ）　福岡工業大学附属城東高等学校（福岡県福岡市）

児浦良裕（こうら・よしひろ）　聖学院中学・高等学校（東京都北区）

田中光一（たなか・こういち）　鳥取城北高等学校（鳥取県鳥取市）

渡部皓平（わたなべ・こうへい）　専修大学附属高等学校（東京都杉並区）

田中将省（たなか・まさみ）　鳥取城北高等学校（鳥取県鳥取市）

木村　剛（きむら・ごう）　神奈川県立横浜清陵総合高等学校（神奈川県横浜市）

橋本広大（はしもと・こうだい）　専修大学附属高等学校（東京都杉並区）

福泉　亮（ふくいずみ・あきら）　福岡県立小倉高等学校（福岡県北九州市）

溝上広樹（みぞかみ・ひろき）　熊本県立苓明高等学校（熊本県天草市）

中間義之（なかま・よしゆき）　相模女子大学中学部・高等部（神奈川県相模原市）

海上尚美（うなかみ・なおみ）　東京都立浅草高等学校（東京都台東区）

多々良　穣（たたら・ゆたか）　東北学院榴ケ岡高等学校（宮城県仙台市）

加藤　潤（かとう・じゅん）　西武学園文理中学・高等学校（埼玉県狭山市）

杉山比呂之（すぎやま・ひろゆき）　専修大学附属高等学校（東京都杉並区）

藤牧　朗（ふじまき・あきら）　目黒学院中学・高等学校（東京都目黒区）

前川修一（まえかわ・しゅういち）　明光学園中・高等学校（福岡県大牟田市）

米元洋次（よねもと・ようじ）　専修大学附属高等学校（東京都杉並区）

木村裕美（きむら・ゆみ）　東京都立駒場高等学校（東京都目黒区）

辻さやか（つじ・さやか）　福岡市立原中央中学校（福岡県福岡市）

小峰直史（こみね・なおふみ）　専修大学文学部（東京都）

加藤兼浩（かとう・ともひろ）　日能研イベント企画推進部（神奈川県横浜市）

＊所属は執筆時点のものです。地名は学校所在地です。

KP法にはフェイスブックページがあります（https://www.facebook.com/KPhou/）。KP法への感想、質問や活用例などをお寄せください。講座開催情報などもお知らせしています。
また、YouTubeには、KP法の登録チャンネルがあり、動画を配信しています。（https://www.youtube.com/channel/UCiIMr-4De2iv8fv5nD0zg6g）。KP法を実際にご覧になったことのない方、KP法をやってみようという方は、ぜひご視聴ください。

アクティブラーニングに導くKP法実践
教室で活用できる紙芝居プレゼンテーション法

2016年11月1日　初版第1刷発行

編著者	川嶋 直　皆川雅樹
発行者	安 修平
発　行	株式会社みくに出版
	〒150-0021東京都渋谷区恵比寿西2-3-14
	電話 03-3770-6930　FAX. 03-3770-6931
	http://www.mikuni-webshop.com/
印刷・製本	サンエー印刷

ISBN978-4-8403-0653-9　C0037
©2016　定価はカバーに表示してあります。